大展好書 好書大展

大展好書 好書大展

11

實用女性學講座

妳是人見人愛的女孩

廖松濤／編著

大展出版社有限公司

序言

有些女孩特別惹人喜愛，有些則不然，差別在哪裏呢？單是外表漂亮，若沒有一顆和善及同情的心，當然就不會令人喜愛。

僅僅有和善的心，就叫人喜愛嗎？我想也不盡然，光有一顆美好的心，倘若無法傳達給對方，不過自我滿足而已。傳達心意給別人，不僅靠語言，還要用行動表示。表現的方法，若一味的自以為是，也難以傳給對方。

現代女性與傳統女性相比較，大家都認為傳統的女性嚴謹、文靜、懂得稱讚他人。傳統的女性真的都有同情心，確實都是很女性化嗎？我也很懷疑。她們過於拘謹的態度，大都源於嚴格的禮教，故無法充分表達自己的意思，每一個都被定了型，認為祇要這樣做就沒錯。因此，所謂和善心大都是身不由己地服從死板的規矩而已。

真正具有和善心的女性，是怎樣的人呢？我認為是那種心思細膩的女性。所謂心思細膩，就是有人叫她拿鋤頭，她一定連釘子也一起帶過來。祇拿鋤頭，必須再去拿一次釘子，一次可以做好的事，卻當兩次做，這種人就是粗心大意。

現代女性之所以缺乏心思細膩，並非女性本身的問題，而是第二次世界大戰後，那些誤解西方「女性第一」（Lady First）的男性所造成的，甚至認為男女約會必須讓男性先到等候，才是惹人喜愛的女性，或者女性說什麼，男性一定要做到。有人為妳服務，心裏當然樂意，一旦變成習慣之後，就要替對方考慮考慮了。

關於這一點，男性也一樣。有些年輕的男士，因為從小受到母親的過度保護，認為接受別人的服務是應該的，因此就不知道如何與女性交往，為女性服務。這種人對女性的態度，並非本身頭腦遲鈍，其實連自己都不覺得有什麼不對，可是對方卻吃不消。

當然這些原則，不僅男性應遵守，女性也是一樣。與男性交往時，如果重視對方的想法、感受，不僅對方喜歡，甚至也會到處受歡迎。

年輕女性對於穿着、打扮、搭配都很注重、講究。但是對「內心的修養」却不太重視。請參考本書，將可使妳成為一個人見人愛、心地善良的美人。

編寫本書，接到許多人的經驗談，不勝感激。即將結婚的女性固然要看，有女兒的媽媽，更應該看看。

本書有許多資料，都是各報館、企業提供的，在此一併表示謝意。

目錄

第二章 如何做個溫柔的女性

第三章 如何做個開朗的女性

第四章 如何做個有女人味的女性

第五章　如何做個善解人意的女性

1 章

如何做個可愛的女孩

1 可愛的女孩，必須注意「開門七件事」

「戀愛是沒有法則的」這句話有人解釋爲祇要兩人相愛，什麼都好。眞的嗎？

兩情相悅時，通常不會考慮雙方的年齡、家世、學歷等條件。因此就有人認爲戀愛是沒有法則的。但是我認爲男女雙方結交，仍然有必須遵守的法則，那就是體諒心。

體諒心不僅適用於彼此相愛的兩個人，一切人際關係都很適用。體諒對方，對方也會如此相待。那些自私自利的人，從來不考慮別人，自然也不受別人喜愛，這是一定的道理。

所謂體諒心，具體地說，就是必須注意「開門七件事」，在家裏必須顧到柴、米、油、鹽、醬、醋、茶；處事時，必須大方、自然、率眞、誠實，不計利益。

有體諒心的人，會處處爲人着想。這是惹人喜愛的第一步。

2 可愛不在於容貌，而在於體諒

某男性雜誌做過一個書面問卷調查，題目是：「你認爲女性的容貌和性格，那一樣重要？」分別向未婚、已婚者調查。結果未婚者的回答，兩者各半；已婚者有百分之九十重視性格，兩者之間差距很大。已婚男性重視性格，大概是與女性一起生活的體驗吧！而未婚男性，祇有半數重視性格，恐怕是一般人選擇女性都注重外在美的緣故。

從這個調查看來，不論這是不是世界上所有男性的看法，但是大體上可以明顯地看出，男性的確並非以外在美來選擇女性。

如果問年輕的男性喜歡那一種女孩，恐怕很少回答漂亮的女性，大都會回答可愛的女性或和善的女性。因此有魅力的女性，不全靠外在美，而是須性格明朗、心思細膩。所謂心思細膩就是對任何事情，都面面顧到，處理得很妥善，細心又有同情心。在男性心目中所謂惹人喜愛的女性，就是指細心的人。

3 被邀請吃飯，表示「好吃」是最好的禮貌

他請妳吃飯時，大概都不會沉默不語吧！但是吃過飯之後，一定要表示「很好吃」，這是禮貌，有些人還會回送一些小禮物。

每個人表示禮貌的方式不一樣，但是必須讓對方認爲沒有請錯人，因此妳得儘量吃得高興。

的確應該如此，因爲男性對這件事很在意。如果妳祇顧說話，機械式地把菜餚送入口中，一點都不關心食物，甚至還剩下來，以後對方恐怕不會再請妳吃飯了。

尤其最近的女性都怕發胖，很多人會高高興興地把飯吃完。吃飯的風度的確很重要，祇有關心菜餚，高高興興吃飯的女性，男性才會認爲這是將來作伴侶的對象。

有人請吃飯時，高高興興的表示很好吃，才是應有的禮貌。

4 卽使不會喝酒，也要倒一點

在餐廳內搖曳的燭光下，男性叫了酒，許多女性常會說：「我不會喝酒」，並且拒絕在杯中倒酒。也許她認爲自己不會喝酒，倒了反而浪費。不過妳是否注意到對面的他露出失望的臉色呢？

除了獨自喝悶酒之外，在這種場合，男性想喝酒，目的不在喝酒本身，而是想藉酒製造快樂的氣氛。此種情形下，如果不喝酒，豈不殺風景，破壞了對方喝酒的興致嗎？其實並非要妳勉強的喝，妳可以在杯裏倒一點，稍微沾唇，不喝下去也可以。和對方共享這種快樂的氣氛，可以增進彼此的感情。

最不好的現象，就是他喝酒時，自己另叫果汁、可樂來喝。無論是在日本料理店或西餐廳，這樣做不僅被認爲是個不懂情調、不識趣的女性，甚至使對方下不了台。

5 飯後對方去付帳時，要耐心地等

也許妳從未注意到自己的作風會令對方不高興。

年輕男女經常會做出陰錯陽差的事。例如在咖啡廳或飯館，男性去付帳時，應該怎麼辦？

你也許會認爲跟他一起去是應該的，但是男性不以爲然，心裏會嘀咕：「妳怎麼跟來呢？」

雖然妳不覺得有什麼不對，但是男性的想法不一樣，他認爲付帳時，妳會偷看他的錢包，這樣便傷害了他的自尊。

故男性去付帳時，你不妨坐在座位上，或到門口去等，就不致傷到他的自尊了。

6 負擔約會的費用，要顧到他的尊嚴

不知道什麼原因，無論東、西方，約會的費用都由男性負擔。也許和這句話有關：「男人是爲女人的那張臉和她交際，女人是看男人的荷包，來決定拒絕與否。」約會的費用，卽使男性不說，心中也覺得是很大的負擔。

尤其是年輕男性，大都收入不豐，因此，與女性交際的費用，總要想盡辦法，甚至爲了在女性面前充濶，而到處借錢。

雖然一般都認爲交往的費用，應由男性負擔，不過妳若亦如此想，那就太不體貼對方了。

偶爾女性也應負擔一些費用，這是應該的，也可以表示禮尙往來。

女性付帳時，應該注意不要傷害男性的尊嚴。妳和他見面時，若馬上表示今天由妳付錢，就傷害到他的尊嚴了。在電影院或便宜的餐館等場所，妳可以說：「偶爾讓我付一次吧！」他會感到妳的好意，而且也不覺得讓妳負擔過重。

7 稱讚對方常去的地方，等於稱讚對方的感性

他欣賞而常去的地方，也請妳去，就是相信妳一定也會喜歡，且心中暗想：「她應該會喜歡吧！」

爲了表示了解他的心意，妳可以說一聲：「好漂亮的地方」或「這地方看起來好舒服。」以讓他高興。

男性對女性表示好感的方法

①祇要妳在身邊就好了
②如果妳滿意就笑一笑
③常說「喜歡」
④自己動手作菜
⑤與女性約會
⑥送小禮物給女性
⑦互相撫摸
⑧迎合女性的喜好
⑨除自已之外，無視於其他男性
⑩寫信

如此沒有追不到的女性。

8 在餐廳不要自己點東西，應讓對方作主

很多女性和男性一起進入餐廳時，往往會說：「我要這個，你要什麼呢？」然後直接向服務生要。這種態度，易使男性認爲是我付錢，又不是妳付，居然如此大方。

切忌不要先點，不妨把想吃的東西告訴他，讓他爲妳叫，讓人覺得妳是個尊重男性的女性。

男性最不喜歡的十種女性

①不清潔的女性
②瞧不起男性的女性
③愛慕虛榮的女性
④態度惡劣的女性
⑤性格上表裏不一的女性
⑥任性的女性
⑦寡廉鮮恥的女性
⑧陰沉的女性
⑨在一起覺得很累的女性
⑩拜金主義的女性

妳是否有這些毛病呢？

9 約會遲到應先道歉

某一篇小說中有這麼一段情節：

男主角很傷心地與妻子分離時，約定幾年後在某地相見。到了約定那天，男主角在約定地點等待，却久久未見女主角出現。這時他就回想從前未曾與太太吵架，過着幸福的婚姻生活。女主角急急忙忙地趕來時，祇說了一句話：「對不起！」男主角笑了笑說：「也許我們現在可以重新開始了，我等妳說這句話，已經等很久了。」

妳大概也發生過約會遲到的事吧！可能弄錯約會的時間，或者臨時被其他事情耽擱而遲到。遇到這種情形，恐怕都想加以解釋吧！但你要考慮到他一直耐心地等妳，所以最好先低頭道歉，表示謝罪，卽使有充分的理由，以後再告訴他吧！

一點小小的錯誤，可以當場巧妙地應付過去，並且養成習慣，卽使傷害到對方，他也會釋然。

10 拒絕約會要做到下一次他還要約妳

好不容易等到約會的日子，卻因事而無法赴約，當然是很遺憾的事，而且很不好向他說明不去的理由。如果應付不得體，也許就令他感到難堪，這完全要看妳的手腕了，否則惹他生氣，再也不找妳了。萬不得已不能赴約，不可以祇說理由，還得加一句：「下次一定沒問題」，或者「等下回吧！」使對方有所期待。那麼對方一定會再找妳約會，也能彌補被妳拒絕的懊惱。

以前，某廣擴電台曾在節目中報導過一位女性的經驗談，她說有位男士，在兩個月之內連續打電話找她約會，由於不太喜歡他，因此經常以各種理由拒絕，但他還是常打電話來。

有一天，她實在忍不住了，就對他說：「你怎麼這麼煩呀！以後請別再打電話過來。」他回答說：「妳這樣說讓我覺得有點不舒服，即使是外交辭令也好，說一聲：『下次吧！』，我下次還是會很誠心地再打電話給妳。」

心胸開朗、滿面笑容
禮貌周到
知道了!!
是!!
很好吃!!
很好吃的樣子
不裝腔作勢
早安
對周圍的人要和氣

給男人好印象的作法

表現女性美
不注重男性的學歷與工作
○○大畢
推銷員
服裝高尚
給人清潔健康的印象
融合在周圍的氣氛中

11 送禮不要使他有心理負擔

在他的生日或是耶誕節，很多女性會選購禮物送給他，但最好能了解送禮的常識。有些人送禮抱著「為了讓他注意我」、或「讓他以後想起我」等各種不同的心理，但都是為了向他表示心意。

有些女性喜歡買昂貴的東西當禮物，例如購買名牌打火機或手錶。目的無非要對方知道，禮物非常昂貴。請仔細想一想，當他接到了這份禮物時的感受，我想他不會高興，祇徒增不安而已。

也許他會想：「為什麼買這麼昂貴的東西送我？或許想用這種手段來套牢我吧！」說不定他想歪了。若為了這件事而使妳在戀愛中，引起不必要的風險，那就後悔莫及了。送禮造成對方心理上的負擔，就不能算是禮物了。Present 除了贈送的意思之外，還有表現的意思。真正的禮物是「表現」你的愛。

12 與其送昂貴的禮物，不如織手套送他，更能令他心動

日本女星萩尾綠小姐的興趣是做手藝，經常把自己做的得意衣褲，當作禮物送給親近的朋友，使大家非常高興。

這位小姐親手做衣褲的動機，祇是外面買的不但貴，而且穿起來又不舒服。她自己設計，利用縫紉機，用棉布縫成各種別出心裁的款式。後來大家都知道她有這個特長，於是她就把自製的衣褲，當作禮物送人。她說：「與其送昂貴的禮物，不如把自己親手做的傑作送給對方，不但可以表達自己的心意，對方也會特別高興。」

故與其送昂貴的禮物給他，不如送自己誠心做的手藝品。例如：織圍巾、手套等；如果喜歡下厨，做些甜點也可以。即使織得不理想，或者款式不很好，對方也仍可領會妳的溫情和眞心。

13 一定要附上親筆寫的卡片，才是真心的禮物

很多人選購禮物之後，在店裏包裝好就直接送給對方。然而爲了表示妳的眞心誠意，禮物內，必須附一張親筆寫的卡片，才能把這份誠意傳達給對方。

當他生日時，妳在百貨公司選購禮物之後，不要馬上送給他，親自寫一張卡片祝賀他，這樣才算把妳的眞心傳給對方，這種禮物能增加他對妳的好印象。

愛與戀愛的格言集①

*最困難的不是愛人，而是被愛。（歌德）

*在戀愛中有時會把禽獸當人，在其他時候却又把人當禽獸。（莎士比亞）

*不一見鍾情者，就不是戀愛。（馬洛衞）

*忘不了分離的戀人，才是戀人。（湯瑪斯・哈代）

*女性的命運，視被愛的份量來決定。（喬治・愛略特）

*戀愛而後失戀者，比從未戀愛好。（但尼森）

*戀愛就是自負與希望的鬪爭。（斯湯達爾）

14 在門口送行，不要馬上進去，要目送一段時候

女星檀富美小姐在一篇散文中，這樣寫着：約會之後，有各種不同的離別態度。在此介紹一種最動心的離別方式。

男士讓女友坐上計程車之後，站在路邊，目送着計程車離去，並且一直揮着手，使他的女友不斷地回頭看到男友依依不捨的樣子，這種分別方式最令人動心。

通常男女之間的關係往往是相反的。但是告別時，男性與女性的「精神」感受卻一樣，都希望對方有「依依不捨之情」。

約會之後，男士通常會送妳回到家門口，這時如果妳說一聲再見，就馬上把門關上，可能使他悵然若失。也許妳不會在意這種態度，但是他會認爲：「她大概很勉強的和我交往吧！以後不要再找她了。」

相反地，如果妳一直目送着他的背影離去，表現出依依不捨的樣子，他一定可以感受到妳的眞心。

15 身體不舒服時不要勉強赴約，可使他放心

雖然今天有約會，但是清早起床就覺得不舒服，還有點發燒，這時妳可能很傷腦筋。大多數的人都會認爲，既然已經約好了，還是勉強去赴約，但是妳應該多想想。

妳們在一起時，妳經常拿面紙擦鼻子，而不注意他說的話，這樣祇會使他擔心而已。

此外，由於身體不舒服，可能脾氣也變得焦躁，這種情形，也許就將他無心說的笑話，有心地聽，往往因爲一點小事而發生誤會，實在划不來。

爲了這種原因，雙方鬧彆扭而分手，就得不償失，常常在這種情形下，好意也被曲解爲惡意。

妳不舒服的時候，最好不要赴約，雖然覺得遺憾，但是祇要向他說明，他一定能諒解的。

16 約會中感到不舒服，讓他送妳回家是一種體貼

在一部美國愛情片中，有這麼一段情節：女主角是一位很有名氣、交遊廣濶的人。有一天，居然有四個男士同時約她，使她感到很爲難，最後決定每個人赴約三十分鐘，再找各種藉口，中途離開。

這位小姐在第一次約會時，藉口感冒，第二次假裝肚子痛。每個約會都以身體不舒服爲藉口，男士們都提議送她回家，她說不敢當，不用麻煩，說什麼都不讓他送。終於四個約會都應付過去了。但是回到家門口，竟看到三位男士手中拿着花束或點心，氣忿忿地站在那兒，等她回來。

這部電影中的女主角，以身體不舒服作爲退出約會的一種口實。事實上，在約會中突然感到不舒服，也是常有的事。這時，如果妳像那位女主角一樣對他說：「不敢麻煩，我自己回去好了。」那麼妳的男友一定不放心，恐怕中途發生事情。因此禮貌上讓他送妳回家，而且這樣做，也算是對他的一種體貼。

17 長途開車，妳有責任防止他打瞌睡

當你們愈來愈親密之後，也許會開車到處去玩，這時大部份都是由男士開車。沒有開過車的人，以爲開車的人，祇要握着方向盤，好像很輕鬆，其實不然，開車是相當費神的事。

尤其是長途開車，由於注意力集中，疲勞過度，很容易打瞌睡。在這種情形下，開車的人很需要旁人與他聊天，來趕走睡意。

妳與他開車出遠門時，如果你了解駕駛者的心理，當他對妳說：「累不累？可以睡一下嘛！」妳若眞的睡了，就表示對他毫不關心，妳知道嗎？

就算妳確實累得連眼睛都睜不開，也要打起精神，不要睡覺，陪着他聊天，這樣才是眞正關心他。

如果妳能防止他開車打瞌睡，就能增進彼此的感情。

18 即使是他提及，也要避免談及學歷、宗教與政治

作家五木寬之在其散文中，有過這麼一段敍述：某一年的國勢調査中，寄給他一張調查表，看到上面必須塡寫學歷，由於他曾在早稻田大學遭到退學，因此非常生氣，就交待太太隨便塡一塡算了。他的太太是兩所大學畢業，而且是一個很有教養的女醫生，就順從地答應他。到那天晚上，五木寬之看到放在冰箱上面的調查表已經塡好了，拿過來看看，在自己的調查表上並沒有記載學歷，而太太的學歷也沒有塡上，他看過之後，感動不已。從他的敍述之中，可以看出他的太太是一位不傷害男人尊嚴的女性，而且相當聰明和藹。遇到這種心思細膩的女性，不僅五木寬之會如此感動，相信任何人都會認爲她是可愛的女性，而更愛她。

通常男人都很在乎在社會上的體面，而且很關心政治與宗教等話題，此外也很注重學歷與經歷。男人與男人之間，往往都儘量避免談到這些話題，何況是女性，更不應在男性面前提到這種話題。否則易傷害男性的尊嚴惹他不高興。因此，在男友面前，儘量不要提到學歷、政治、宗教等話題，除非是他先提出來，否則儘量避免談及。

19 要出去兼差，應事先與他談妥

幾年前流行「純吃茶」，這種地方的女服務生，大部份是大學女生兼差的。當時的午夜電視節目中，曾播映這些女學生面試的情形。面試中，有許多很有趣的問題，例如：有一個問題是這樣：「妳來應徵這種工作，是否與男朋友談過了？」當然大部份人都回答沒有，祇有極少數回答有，並且還說：「他還鼓勵我好好地做。」簡直令我驚訝不已。

如何接受或拒絕相親

●願意接受——可向介紹人說：「請讓我們先交往一段時間吧！」或兩、三天之後和父母談也可以。

●對方拒絕時——介紹人說出對方拒絕時，不可以問理由，但是最後不可忘了說一聲：「以後還拜託你介紹！」

●自己拒絕對方時——要和顏悅色地向介紹人表示拒絕的意思，必須顧及對方的心意與介紹人的立場。

無論做那一種兼差，事前是否該和他商量，這是一個重要的問題。許多女性都想兼差，但是事前往往未與男朋友商量。這種態度，實在値得商榷。

爲什麼呢？因爲在妳兼差的地方，也許需要與其他男性接觸，妳的男友也與其他男性一樣，認爲應該事先讓他知道。有些男性事後知道女朋友去兼差，就埋怨：「妳是否看不起我，或心中沒有我？」因此妳想出去兼差時，爲了表示信賴他，必須事先向他說一聲。

拒絕相親的五個最好的理由

●男性拒絕的理由：

①我不想相親。
②照片與本人不一樣。
③女方好像急於結婚的樣子。
④看起來不乾淨的樣子。
⑤太濃粧艷抹。

●女性拒絕的理由：

①我不想相親。
②講話不投機。
③對方的父母態度不愼重。
④對方沒有禮貌，而且有許多壞習慣。
⑤介紹人太熱心，吹噓過度。

20 久別重逢，不要拼命問他的近況

過去經常見面的男友，偶爾也可能幾個星期不見人影。這時，妳最想知道的莫過於這一段期間，他在做什麼？想什麼？久別重逢，女性往往想知道男朋友這一段時間的情況，也許就像刑警問罪犯似的，問他做些什麼事，或爲什麼這樣做。像這樣一件一件地問，恐怕將引起他的厭煩。

相反地，有些女性好像認爲對方有義務聽聽自己的近況，因此事無大小，每件瑣碎的事都向他報告。以上這兩種情形，都不是合宜的態度，很可能影響你們之間的氣氛，故無論說者或聽者，都應該若無其事地慢慢談。

英國有位著名的女星，她求學時代，家境很窮，每次回家與在鄉下獨自生活的母親見面時，都告訴母親自己在倫敦生活的艱苦，使母親難過得幾乎要哭出來。後來再見到久別重逢的母親時，爲了不讓母親擔心，她就若無其事地與母親閒談。當妳向男朋友報告近況時，是否也像這位女星一樣，用若無其事的態度呢？

21 吵架後要注意善後

有一部愛情電影，片中女主角是個咖啡店的女經理，她的男友是個連一張畫都賣不出去的畫家，他們已經交往三年了。有一天一起吃晚飯時，由於女主角說了一句：「將來也許會過苦日子」而引起兩人激烈的爭辯，最後男朋友連飯都沒吃，掉頭就走了。女主角也難過了一個晚上，無法成眠。

第二天，太陽還沒有出來之前，就聽到有人叫門，開門一看，站在她面前的男友，拿着一包東西，打開一看，是一張她的畫像。這張畫像，本來是準備一個星期後，在兩人相識的紀念日送給她的，結果他花了一個晚上的時間，把它完成，天一亮就送過來給她。經過這件事之後，他們的感情更加親密。

不僅這兩位主角如此，男女交往，時日一久，往往因爲任性，或爲一點小事而感情用事，雙方爲此而吵架。已經吵架了，當然是沒有辦法的事，問題是如何善後。如果兩人吵架之後就分開，經過一段很長的時間，不再見面，以後就很難再聯繫，卽使和好了，若要恢復到從前，也需要一段時間。那怕是對方不對，兩人分別之後，應趕緊打個電話或寫封信，說一聲「對不起」或「是我不好」等，情況就會好轉。

應有的禮貌

進門之前，應該先拿掉圍巾、手套等
不要按很多次門鈴
鞋子排放整齊
不要踩榻榻米的滾邊上以及門檻上
不要用手朝後關門
不要一下子就坐在坐墊上，應把坐墊輕輕拉過來坐

到男友家

打招呼的方式

正確的坐法

22 規勸男朋友賽馬或賽車等賭博行為

很多男人熱中賽馬或賽車等賭博，甚至到了無法自拔的地步，而傾家蕩產。喜歡賭博的人，認爲這是一件很有吸引力的事情。

但是女性對男性這種行爲，大都不歡迎，甚至討厭。

在這種情況下，妳與其阻止他，不如研究研究他爲什麼熱中這種事的原因。聽聽他對賭博的看法，或者再跟他交往幾次來了解眞相。

讓他知道妳對賭博非但沒有興趣，而且很討厭，也許可以改變他的態度。如果妳發現男朋友熱中賭博，或有任何不滿的心理，不妨試着改變他。

在男性心目中的女性，是能夠幫男性改過，並接受他。

23 男朋友無意中說出的嗜好，應該記住

這是一個著名影星的經歷。這位女明星認爲有時候用糖果當禮物，也能得到愛人的心。

這位女星初次踏入劇團，馬上就看中已經頗負盛名的他。起初，當然無法與他有親密的談話，因此祇有在心中暗戀他。有一次閒談時，偶然聽到他說：「童年吃過的豆沙包和牛軋糖，至今仍然忘不了，而且還很愛吃。」於是這位女星就記住了，並且去買豆沙包與牛軋糖，第二天就帶了很多來送給他。他們的感情也因此點燃起來。

每個人都一樣，別人了解自己的好惡時，會很高興，而且對他有親切感，如果對方也有繼續交往的意思，感情往往就可直線上升。

男友無心說出的好惡，應該注意到，這對你們的交往很重要。當他生日時，妳如果買些迎合他的禮物，會使他覺得妳很了解他，而感到高興。

24 男朋友必需早起時，打電話去叫他，表示關心

單身男性對女性表示愛意的方法各有不同。當然，如果他能夠體會妳的眞心與溫柔時，就會來找妳。有的男性喜歡異性能接受自己的缺點，像母親一樣照顧自己。

有些任性的單身男性，最大的困擾就是無法早起。經常與同伴玩得太晚，養成夜貓子的習慣，第二天便無法早起。如果遇到第二天有事，非得早起不可，卽使身邊有鬧鐘也叫不起來。就像童年時代，有些小孩必需讓母親三摧四請才會起床一樣。

過慣單身生活的男性，在這種情況之下，最希望有人叫他起床。如果妳得知他在那一天必須早起，不妨由妳來執行叫醒的工作。妳的男朋友必須坐早班火車去出差，或和上司去打高爾夫，妳若事先知道，可以打電話叫醒他，假定他還在睡覺，一定會很感激妳；卽使已經起床了，對妳的細心也感到很高興。

25 在大庭廣衆間，不要對男朋友過份關切

在咖啡廳裏服務生送來咖啡之後，有些女性往往不說一聲，就把糖和奶精放入男朋友的杯子。也許她認爲這是關心，也是表現女人味的機會！殊不知許多男性不喜歡在大庭廣衆間做這種事。

如果妳知道他的脾氣之後，又故意這樣做，就表示太照顧他了。這時不妨把奶精與砂糖，推近給他，讓他自己去加，反而更好些。

愛與戀愛的格言集②

*愛是自己的獵物，必須不惜一切去奪取。（有島武郎）

*愛的滋味是苦的。（王爾德）

*短期不見面，可以增加愛情；長期不見面，可以毀滅愛情（米勒勃）

*沒有戀愛過的人，就好像沒有心的人；有過戀愛，才會珍惜一切。（藤原俊成）

*戀愛的眞正本質是自由的。（雪萊）

*戀愛比結婚有趣，正如小說比歷史有趣一樣。（卡拉意爾）

*戀愛是一種決鬪，若三心兩意就會失敗。（羅曼羅蘭）

26 赴約時可以擦一點香水

有一部義大利電影，以性的題材作笑料，下面是其中的一段。

有一個十四、五歲的少女，第一次約會前，化粧之後，就偷偷的用母親的香水，幾乎用了一整瓶，然後非常興奮地去赴約。那時剛好是夏天，坐在電車上，被自己身上的香味所苦，甚至想吐。當她脚步踉蹌地走到約會地點，向正在等候的男友笑着問：「今天到哪裏去玩？」她的男友却爲她身上的香水太濃，把臉別過去說：「到游泳池去。」

這種事不祇發生在電影上，最近有些女性在約會時，也都習慣擦點香水或古龍水。當然這也無妨，但是用得不當，就會像電影的這一幕，使男友感到不悅。

有些男性也許是聞不慣香水的氣味，一直不太喜歡。因此，在出門之前，可以稍微用一點。

27 在男朋友面前，若有男士請妳吃飯，不可模擬兩可地回答

男性之間，見面時都會說一聲：「最近一起吃一次飯吧！」這個意思並不一定要一起去吃飯，祇是表示親熱而已。這是東方人一種很圓滑的寒暄。無論什麼事情，東方人都不喜歡直接了當地說出來。

這種寒喧，在男女交往時，難免也會遇到，但是却發生許多意想不到的事情。例如，和男朋友及很多朋友一起喝茶時，如果有一位男士，不知道妳正在戀愛，而向妳說：「等一下到別的地方去坐坐吧！」妳也許認爲他誠心地邀請妳，不好意思在大家面前斷然拒絕。

但是妳必須了解，雖然男性都是這樣說的，可是妳若也圓滑地回答：「好啊！不過下次吧！」那就不好，因可能傷害妳的男朋友。妳應該斷然地回答：「對不起！我還有個約會。」這樣對男友也有個交待。

28 男朋友打公共電話時，為他準備硬幣

外出時，經常有想打電話，却找不到零錢，而打不成的情形。

在這種情況下，往往會想到魔術師變硬幣，恨不得自己也有這種本領。

就像電視節目裏有一個小孩找到了魔術箱，希望什麼，就得到什麼。他希望得到鉛筆，口中唸唸有詞，然後打開箱子，馬上就得到鉛筆。當然這祇是幻想的故事。事實上，如果妳關心男朋友，這時妳就是他的魔術師。

妳和男朋友在一起時，他突然想打電話。打了之後，由於超過時間，硬幣不夠時，妳不妨爲他準備一些零錢。

妳爲他準備硬幣，讓他順利打完電話，妳不就是他的魔術師嗎？

2章

如何做個溫柔的女性

29 不必太溫柔

有時候對人太周到，對方反而不領情，而且覺得討厭。有些人根本從來不顧慮對方的心情與立場，以致令人生厭。

有些愛管閒事的女性，很令人厭煩。例如：雖然在言辭上沒有表現她的仰慕，但是為了討好男朋友，情願為他做任何事情。看到他的住處髒了，就替他整理；看到他吃泡麵，就替他買菜；男朋友打麻將時，就替他和他的牌友倒茶。

這種情形經常有。如果女性自動地或故意與男朋友太親近，反而令他討厭。

當然男性都喜歡女性溫柔體貼，但也要適可而止，而且要順其自然。有些女孩子認為「我對你如此溫柔，你還討厭我」，這就是太溫柔，而使他厭煩。

30 真正的溫柔，不必用言語表示

有位詩人說：「溫柔就是讓他知道快到黃昏的微笑。」意思是不必用言語表示強烈的慾望，祇在矇矓的景色中，以一點光線來照亮他的心。

卓別林的一部電影「街燈」，是一部不用語言表示人性溫柔的電影。情節是描述一位流浪漢查理，愛上一個瞎眼的賣花女，從見面那天開始，查理就爲治療她眼睛的手術費奔走，好不容易才湊足這一筆費用，但是查理仍然過着流浪生活。最後一個鏡頭，就是在很遠的街角上，站着那位眼睛已經復明的賣花女，很興奮地看着查理。這個女孩根本沒看過查理的樣子，但是她握着他的手，並且向這位流浪者獻花致敬。這時兩個人都沒有說話，這個女孩已經知道查理就是她的大恩人。

的確眞正的溫柔，不需要用言語表達出來，祇要心心相印，彼此就能了解。因此有人認爲與其說許多讚美的話，不如有一顆溫柔的心，就是這個道理吧。妳和男朋友交往時，不要用輕浮的言語，必需用無言的溫柔來表達妳的感情。

31 在男朋友面前不要誇耀自己的父親

有許多女性喜歡誇耀自己的家人，不但誇耀父母、兄弟，甚至誇耀親友。如果祇在女性之間談談，也就算了。在男友面前誇耀自己的父親，情況就不一樣。男性大都一樣，他所喜愛的女性，誇耀另一位男士，他就對他產生強烈的敵意。

也許妳感到奇怪。男性也會對妳的父親產生如情敵一樣的敵視心理。如果妳說：「我父親每天都很晚回家。」妳祇是表示父親是個很勤快的職員，結果他卻誤會妳在誇耀父親能幹。就像當他說：「我母親做的泡菜非常好吃，我每次多吃好幾碗飯。」稱讚母親作菜的手藝時，妳也會對他的母親嫉妒一樣，由此可以了解男性的這種心理。

因此，當妳誇耀父親的時候，雖然男友還笑着看妳，心中的感受却不一樣。男性對男性的反抗心理，是免不了的，所以最好不要過份刺激他。

32 在談話中偶爾談到他的缺點，馬上要再稱讚他一句

有人說：「交談是語言的交流。」與男朋友交談時，談得投機，而且有分寸，自然就可情投意合，彼此都會很高興。若偶爾不愼談到對方的缺點，可能就因此而中斷談話。

例如：在咖啡廳裏，妳看到他對服務生說：「爲什麼這麼慢？」妳就對他說：「你怎麼發火了？」如此可能使他注意到自己的失態而尷尬，臉上也露出不悅之色。這時候妳也發覺自己失言，可是話已出口，無法追回來，應該怎麼辦呢？

這時妳應該找點話題，稱讚他一下，把他的缺點轉爲優點，也是消除尷尬的方式之一。例如說：「你又生氣了？」說完之後馬上加一句：「也許這也是你的優點。」他就會覺得不好意思。

總之，這種態度可以使你們避免衝突。

33 與其自己講，不如當個聽衆

男明星○○○敍述和太太××在戀愛時，有這麼一段回憶。他說：「第一次到她家裏拜訪，祇有我們在一起時，她不大講話，卽使有旁人在，她也不大講話，祇是很高興地聽我講話。打電話時也一樣，總是洗耳恭聽。」

由這一段中，我們可以想像到××臉帶笑容，傾聽他講話的神情。如果妳想與男友交往得更深，可以把這段話作爲參考。

妳與男友交往得很順利，而且兩個人彼此很了解，這當然都是靠交談。交談的要點是與其自己說話，不如當個聽衆。許多年輕的女性，往往喜歡說話，而不大喜歡聽人講話。對方不喜歡講話，或許會高興的聽妳說，但是有些人愈是不會說話，愈喜歡別人聽他說。

人際關係有相互的作用，責任不在單方面，至少妳應抱着「說兩分話，聽八分話。」的態度做一個熱心的聽衆，這可使兩人的交談更愉快。

34 打電話到他的公司，必須讓他回答「是」或「不是」

沒有特別重要的事情，不要打電話到他的辦公室，這是禮貌。辦公時間內，老是打電話給他，會使他的聲譽大受影響。如果約會當天，突然有重要的事情，無法赴約或必須變更時間，祇好打電話告訴他，這時，說話的技巧若不考慮一下，可能將使他受窘。例如：他接電話時，妳對他說：「今天上司要我加班恐怕無法赴約，你看怎麼辦呢？」在辦公室內應避免在電話中談到約會的事情，否則會使他支吾其辭，不知如何作答，旁人看到他的神情，也會說：「哦！是女朋友打來的電話。」即使不受上司責罵，同事間恐怕也就因此造謠生事，令他爲難。

在這種情形下，妳最好不要用徵求的口氣問他，儘量說一些讓他能夠回答「是」或者「不是」的話。例如，妳可以這樣說：「今天有要緊的事，可能會耽誤約會的時間，大概要晚三十分鐘，你看可以嗎？」或者說：「是不是這麼辦？」他就可以回答「是」或「不是」了。

35 發薪之前，應考慮他的經濟，再隨機應變

美國曾流行這麼一則小故事：

在一個大飯店裏，有一對年輕情侶，正在看菜單點菜，祇聽到這位男士說：「牛肉吃了會發胖，我不敢吃；吃雞肉會過敏、羊肉又不喜歡吃……」，就這樣對菜單上所列的菜，一一加以批評，最後對侍者說：「來兩杯咖啡。」

事實上，乃是他身上帶的錢不多，才有這種尷尬的場面。男士帶女友出遊，即使身上沒有錢，也不好意思明白說出來。

其實，男士與女朋友約會，很少因爲沒有足夠的錢，就帶着女友到大飯店祇叫一杯咖啡。發薪之前，也許他的手頭比較不寬裕，應付不了約會的費用，不過男性在女性面前，總有一份虛榮心，所以寧願向人借錢，也不願在女友面前露出窘態。

這時候，妳必須考慮他的立場，不要使他太破費。如果妳對他說：「不要勉強，今天由我付錢。」或者說：「這家太貴了，我們換一家吧！」就大傷他的自尊了。妳不妨簡單地說：「到路邊攤吃」或者「今天我很想吃麵。」指名要吃便宜的東西。雖然他沒有說出來，心中也會感激妳的善解人意。

36 當他點菜猶疑不決時，妳怎麼辦？

年輕的女性比較注重吃，常常到每家飯館去試，有時就告訴男朋友，吃法國菜應該到那一家；吃起士應該選那一種……。但是年輕的男性大都比較不關心吃，甚至連飯館都不曾去過，也大有人在。

妳的男朋友要是屬於這一類的，當他跟妳去飯館吃飯，在這種陌生的環境，又帶着女朋友，難免較緊張，尤其是拿着看也看不懂的菜單，要他點菜，就更緊張了。如果他問：「吃那種菜好呢？」妳卻流利地說出來，會使他很不好意思，以後恐怕不敢再跟妳交談。

因此當妳看到男朋友猶豫不決時，妳可以說：「這個好吃哦！」或者說：「這個怎麼樣？」如此不但可以減輕他的心理負擔，也可以使他安然自在地處在這種不習慣的地方。但是妳必須注意一點，就是最後還是要由他作主。

37 對男朋友遲到的解釋，表示毫不在意

約會遲到時，妳祇要表示道歉就可以了。相反地，男朋友遲到時，妳大概難以應付。也許妳會說：「並不遲啊！或「我好擔心。」這樣反而意味着妳在責備對方，使兩個人都覺得不舒服。

妳讓對方等的時候，他一定不高興，見面之後，妳感到很歉疚，因此說明遲到的原因之前，先向他道歉，大家就不會再心存介蒂。

男性心目中女性的條件

●戀人的條件：
①性格好。
②容貌好。
③會打扮。
④儀態好。
⑤頭髮漂亮。
⑥聲音甜。

●玩伴的條件：
①容貌好。
②性格好。

當然，容貌與性格的條件不一樣。

38 約會遲到，應確定到達的時間，才不致使他着急

下班後，妳有事而延誤約會的時間，可是男朋友已經前往約會的地點等候時，妳怎麼辦？

妳大概會打電話和他連絡，告訴他要晚三十分鐘到達，而把時間說得早一點。往往因爲工作無法在預定時間完成，或者搭車途中由於交通堵塞，而超過預定的時間。妳把時間說得早一點，也許是想讓他不覺得等太久，如此一來，反而令他着急不安。

因此，妳不妨把到達的時間延長一點。讓他等太久，固然他不高興，但是至少可以安心地等。要是妳比預定的時間早到，他更高興。雖然同樣是遲到，然而這麼一點點差異，就使他對妳的印象不一樣。

39 請男朋友陪妳買東西，必須說清目的

很多男性認為「陪女性買東西是傻瓜」，妳知道是什麼道理嗎？女性逛街，不一定是要買東西，有時覺得與朋友一起散步、聊聊天也很開心。

對男性而言，陪女朋友逛街，是一件苦差事。他們認為毫無目標地逛街，實在無聊，走過幾家商店之後，就不勝厭煩，有些性情溫和的男性，在女友高興的時候，不好意思拒絕，使她掃興。事實上，男性陪女朋友逛街，大都不太情願。許多女性不了解男性這種心理，硬拖著男朋友陪她逛兩三個小時，徒然使對方覺得你是遲鈍的女人。

要男朋友陪妳去購物，必須事先告訴他目的與時間。例如：「今天我想買一件毛衣」或「要去看一件東西，大概要三十分鐘。」逛街時，不可以祇顧看東西，而冷落他，有時應該向他說：「這個怎麼樣？」徵求他的意見，這樣他一定很樂意陪妳去。

40 約會時儘量避免購物

許多女性經常在約會時說：「××百貨公司正在冬季大拍賣，我想去買一件羊毛衫。」有些人還不是買自己的東西，而是爲家人順道買東西。

早點出門，去約會之前，先把東西買好，還沒話說。有些女性專門請他陪着一道去，然後讓他幫着提。一般男性都討厭和女性到這種大減價的場所買東西。和氣的男性祇好無奈地陪妳去，有些男性會很生氣的說：「妳是爲什麼來約會的？」而怒形於色。

約會的目的是和男朋友見面，不是去買東西。也許妳認爲祇是順道買東西而已，然却因此使對方不高興。

即使在約會前，先把東西買好，但是妳提個大紙袋在他面前，好像有意要叫他提似的，也使他不舒服。這時妳最好把買好的東西，寄放在車站的寄物櫃內。

會傷到他的自尊心

如此一句話

41 打電話給他，先問他是否有空

作家馬克吐溫曾說過：「電話是世界上最不禮貌的機器，不管別人如何就響起來！」有時不管對方能不能接，或想不想接，都響個不停。

如果妳考慮到這一點，打電話時，必須先考慮對方是否有空。尤其是男女間情話綿綿的長電話，應該先問問對方是否有空，否則會增加對方的困擾。

例如：對方正在趕一份明天要交的報告，或者他的母親由鄉下來看他，母子倆正和樂地吃東西、談笑，妳突然打電話給他：「這個……，那個……」，天南地北聊個沒完沒了，無疑地，祇有給他添麻煩。

有些人雖然聽到對方說：「我現在很忙」或「我母親在這兒」卻仍然喋喋不休地講下去，對方又不得不聽她說完，心裏自然很不舒服。

有句諺語說：「卽使是很親密的朋友，也不可忘記禮貌。」所以打電話給男朋友，必須先問可以講多久。如果他沒有空，就要等些時候再打，這才是應有的禮貌。

42 打公共電話給男友，應多放幾個銅板

以前打一通公共電話，並不限制時間，現在打公共電話，一塊錢祇能講三分鐘。

情侶之間打長電話，最傷腦筋的就是聽到「ㄅㄨ」切斷的聲音。即使不是情人，與普通人通電話，三分鐘到了，就聽到「ㄅㄨ」的切斷聲，心裏也不舒服。

有一個成功的汽車推銷員，曾經這樣說：「每次打公共電話，放進一個銅板，話還沒講完，就聽到「ㄅㄨ」一聲，切斷了，心裏感到不舒服，而且覺得這樣對顧客也很不禮貌。因此就打電話去請教電信局的服務人員，怎樣才不會聽到那一聲『ㄅㄨ』，而能把話講完。原來祇要多放幾個銅板，就不會有這種情形。以後我打公共電話時，就多放幾個銅板。」

這種優秀的推銷人員，非常重視人際關係，即使是打公共電話，都想得這麼週到。當妳用公共電話與男朋友通話時，最好多放幾個銅板。

43 不要對男朋友說他很悠閒

有人問：「太太那些言行舉止令你生氣？」許多男性都回答：「干涉我的工作。」例如：有些太太會說：「最近很早回來，是不是很閒？」問這種話，好像在說男人在外遊蕩一樣，令他生氣。有些男性的想法比女性乖張，常爲一點小事固執己見，往往無心的一句話，而傷到他的自尊，尤其是說到他的工作情形，特別敏感。

如果妳不了解男性的這種心理，就難怪惹他生氣了，妳還覺得莫名其妙。例如：男友比約會時間早到，在等妳的時候，看看雜誌，妳來到他面前，劈頭就說：「喲！你好悠閒嘛！」可能使他突然不快，甚至爲這麼一句無心的話，兩人鬧得不愉快。

也許他很忙，好不容易騰出時間與妳約會，祇是他沒有說出來而已，妳這麼說，不但不體會他的一番心意，還奚落他，使他覺得丟下事情來與妳約會，實在划不來，當然也就對妳沒有好感。

44 對男朋友的服飾，不可任意挑剔，應多加讚賞

服裝設計家〇〇小姐曾經說：「如果妳覺得顧客的服裝不太合宜，妳應該找出她的優點來稱讚她，這種效果非常好。」例如：覺得顧客穿的裙子太長了，就要對她說：「妳的脚好漂亮，藏在裙子底下太可惜了，這樣漂亮的脚，應該露出來給人看。」不要直接說出她的缺點，而集中在優點上來讚美她，然後再建議顧客，選擇適合的服飾。也許這祇是〇〇小姐職業上的需要，但也表示她不使顧客難堪的一種禮貌。〇〇小姐的細心，值得妳參考。假如：妳若覺得男朋友的服飾不太理想，或不喜歡他的西裝顏色，妳不要直接說出來，因爲每個人對於穿着，本來就有偏好，妳任意批評，徒然惹他不快。

如果妳發覺他的領帶還不錯，應該稱讚他：「這條領帶很適合藏青色的西裝。」這時他一定會高興的接受妳的建議。

45 對他有所不滿，祇能在兩人單獨相處時表示

有人對一位著名的單口相聲家的太太說：「妳的先生很受人歡迎，實在了不起，因爲他從來不對別人發牢騷，也從沒聽過他抱怨。」他的太太回答說：「世界上大概沒有像我這樣覺得不平、不滿的女人吧！」然後她又繼續說：

「其實，我們結婚的時候，曾經互相約定，今後卽使心裏有所不滿，也絕不在他人面前說出，兩個人的事，應該由兩個人來處理，你們不知道我對他有

照片相親成功的秘訣

- 相親時，一本正經的照片反而產生反效果，應該用自己覺得表情最好，最高興的生活照片。
- 與家人合照的照片，可給人好感，尤其是開朗的家庭生活照最有效。
- 到照相館照相，要帶化粧箱補粧。
- 選擇好天氣照相，而且要神態自如。

多少的不平、不滿。」

男女長久交往之後，彼此之間多少會有所不滿，這是經常有的事。這時，彼此之間可以坦誠地說出來，但是必須考慮說話的時間與地點，這是非常重要的。

例如：在妳的父母或朋友面前說出對他的不滿，是最大的忌諱，因爲這樣，將使男朋友在衆人面前下不了台，不論妳說得多麼有理，但是在別人面前指出他的缺點，恐怕祇有令他不快。如果兩人的感情因此鬧僵了，可以找知己的朋友，把自己的心意傳給他，不過兩人之間的事，最好還是自行解決。

愛與戀愛的格言集③

*戀情，祇要有一點希望就夠了。（斯湯達爾）

*男人最重要的是心愛的女人，因爲女人足以影響一個男人的幸福與苦惱。（夏爾頓）

*男人在不了解女人的心之前，根本沒有空去考慮她的容貌。（斯湯達爾）

*雖然我有許多敵人，像妳這樣的人我是頭一個遇見。（拜倫）

*冷淡的男性比熱情的男性更受女人所愛。（屠格涅夫）

46 反對他之前，先考慮他的立場

有一位刑警對任何嫌犯，必定先讓他自白，在他退休之後，曾經說出他的辦案經驗。有人認爲他大概會敲敲桌子，再質問嫌犯，或者用恐嚇的口吻問口供，事實上，他完全不用這種方法。

在調查庭面對嫌犯時，他都先跟嫌犯聊天，不論對方說什麼，他都用肯定的語氣來應對，談到案件的核心時，他也不急着追問，反而一再地對他說：「我很了解你的心意。」等到他認爲時機成熟，才指出嫌犯的罪嫌。因此嫌犯也都伏首認罪而開始自白。

妳對待男朋友當然不會像對待嫌疑犯一樣，在你們交談之中，在反駁他的想法之前，不妨先採取這種方法，這樣比較容易表達妳的意見。妳要先同意他的想法，然後再婉轉地說出妳的意見，如果妳一開始就反對他，就算妳說得再有道理，也無法使他接受，反而傷害彼此的感情，破壞約會的氣氛。

47 他喝得太多時，請店裡的人規勸他

許多男人一喝酒就忘了停下來。妳的男友喝得過量時，你大概覺得不舒服吧！但是想阻止他喝下去，卻不是那麼簡單。

如果，你對他說：「明天還要上班，我們快回去吧！」也許有些男人會聽從，但有些反而說：「我正喝得痛快，却叫我不要再喝，不是殺風景嗎？」這種男人爲數不少。

當男友喝太多，還要任性地喝下去時，妳若直接干涉，並不是很好的方法，這時妳可以請店家勸他別喝，這樣也許不致惹他生氣。

48 到男朋友家拜訪，別忘了關心祖父母與小弟妹

一些愛觀賞鳥的朋友，往往不易看到自己喜愛的鳥兒。有經驗的人士說：「初次欣賞的人，往往全神貫注在他想觀賞的鳥身上，而忽略了其他鳥類，以至於想觀賞的鳥都找不到。」賞鳥必須從觀賞所有的鳥類開始。

這種方法不僅適用於觀賞鳥類，對於正在戀愛中的妳，也是一個很好的建議。妳和男友愈來愈親密之後，不僅要注意他，對他身邊的家人，也要關心，尤其是他的祖父母與小弟妹，都不可忽略。

到他家拜訪，如果爲妳介紹他的祖父母，也要像對待他的父母一樣，熱忱地打招呼或交談。多次拜訪之後，仍然要常帶一些禮物給他的弟妹，對他們的升學，也要送一點賀禮。他會很喜歡妳的細心。

也就是說「不祇喜歡他，還要關心他所愛的人。」這是使妳成爲人見人愛的秘訣。

49 送他禮物，祇要在生日等特殊日子

有一位明星，在未成名以前，有一次所有的衣物都被偷光。那時他的生活還很困苦，因此非常難過。

這時他的女朋友借錢爲他買衣服、鞋子，使他非常感激。某次集會中談到這件事，他說：「這件事情拉近了我們之間的距離。」當然這位女友最後成爲他的太太。

由此，我們可以知道，送禮給男友表示妳的愛情，必需選在合適的日子送，才使他覺得有價値，也更喜歡。

沒有理由的情況下送禮物給他，他恐怕不會珍惜，也許還增加心理負擔。

在男友生日或節日時送禮物給他，他可以很高興地接受，而且這樣的禮物，才是傳達眞情的使者。

50 單身男性最高興吃到外面不易吃到的東西

在辦公室內，可以從女性的一舉一動看出她是否戀愛。戀愛中的女性大都不沈着，而且與同事之間的交往，突然減少了，在這些變化中，最明顯的就是對吃的東西特別關心。

中午休息時間，她就翻翻食譜，下班之後去上烹飪課，這些都是想爲心愛的男朋友做好吃的菜。

當妳請男朋友吃飯時，大概會按照食譜，作幾道可口的菜肴吧！如果他單身住在外邊，妳會猜他也許想吃法國菜，或從未吃過的高級菜。

其實單身的他，每天在外面吃飯，吃都吃膩了，一定很渴望吃到家常菜。故爲他準備一些家常菜或他喜歡的家鄉味，對他而言是最好的享受。

51 親手做的便當，加上一條濕毛巾，會更可口

最近男女交往的花樣愈來愈多，例如：帶着親手做的便當到賽馬場去。在風和日麗下，坐在廣濶的賽馬場，一面看賽馬，一面吃你做的便當，的確是一件很快樂的事。

乘火車或汽車到郊外去遊玩，在那兒吃着由妳親手做的便當，他會更高興。為男女準備的便當，一定很豐盛，甚至還帶茶水、咖啡等飲料，但是，也許妳忘了一件小事情，那就是帶一條濕毛巾。

即使沒有濕毛巾，當然也可以吃便當，但是多帶一條濕毛巾，在飯前或飯後擦擦手，則更方便。吃便當之前，從妳手中接過濕毛巾時，他會很高興妳的細心，甚至覺得這個便當更好吃。

不可以有下列動作

第一次約會

52 遇到熟人，不可只顧說話而冷落他

有些女性與男朋友一起出去，遇到熟人，就祇顧着說話，談得興高采烈，把他丢在一旁。

妳和熟人說話，他會諒解，不過別忘了身旁還有男朋友，必需考慮到這一點，祇要與對方打個招呼就可以了，避免談得太久。

情人節的禮物

●緞帶花、紙花、乾燥花——可以使他那單調的房間漂亮起來，感到送花的人好像在身邊一樣。

●脆餅、花式蛋糕——限於親手做的，這樣可以在無形中強調家庭的情調。

●手帕——要綉上自己的名字。

●親手做的領帶——這是世上唯一不同的領帶，當然要迎合他的興趣。

53 與認識的店員談得太親熱，表示瞧不起男朋友

當男友提議到妳常去的餐館吃飯，這時妳應注意到，這家餐館妳已經很熟了，但是對男友而言，未必習慣，會使他覺得孤單。

例如：進入餐館，和熟識的店員打過招呼之後，就長篇大論地談起來，這時，妳的男伴會覺得孤單，內心不滿，甚至爆發出來，與妳大吵。

因此到熟識的商店去，避免發生這種不愉快的摩擦，因為兩個人在一起約會，應該快快樂樂，如果有旁人介入，就可能破壞這美好的氣氛。

54 在很多人面前，介紹男性時，應特別小心

有一位在女子大學教法文的講師，他的一位學生是某作家的女兒，有一次，這學生邀他參加她父親的出書紀念會，在紀念會上，這個女學生並沒有爲他介紹來參加紀念會的文人，祇介紹一位男性。當她向他介紹時，他就問她什麼時候結婚呢？對方却回答：「我三年前就已經結婚了。」弄得非常尷尬。

由此可以知道，當妳爲第三者介紹男性時，應該特別注意，否則容易讓人誤解，男性在介紹女性的時候，也是一樣，因爲被介紹的人往往會用特殊眼光來看這對男女。

卽使是情人，向他人介紹男朋友時，如果不得當，往往也容易被誤解。而且男朋友被妳帶過來帶過去，心裏也不是滋味，加上對方如果露出奇怪的表情，恐怕更不好受。因此妳可以這樣介紹：「這是××公司的××先生。」

55 與他的部屬同席，雖然年輕，仍要以禮相待

日本的「三越事件」曾轟動一時。三越的現任董事長，在董事會上，被部屬罷免。當然這件事情，有許多人知道是有人暗中打擊這位被解任的董事長。

這位被稱爲「女王」的女性，據說並非三越的職員只是董事長的女朋友，她仗着董事長的權勢，把董事長的部屬，當作自己的傭人般支使，經常罵這些職員，大家都懷恨她。

當然三越公司這個事件是太極端了。但是有許多與企業界的董事長交往的女性，常常自以爲了不起。如果認爲董事長的部屬都很年輕，就直接呼名叫姓，那就不太好。

這種舉動令人瞧不起，周圍的人會認爲她沒有教養。如果妳與男朋友的部屬同桌吃飯，應該更加小心，要有分寸，還要以禮相待。

56 宴會上，男朋友與他人交談時，不可以隨便插嘴

在美國有一則笑話，就是在某個宴會上，有個女性想找說話的對象，但是對別人的談話內容，却不甚了解，因此一直無法加入交談。這時她發現有一些人在談論非洲的糧食問題，她認爲機會難得，就趕快走過去。

他們正在談論非洲某一個國家，因爲發生水災，作物無法成長，造成該國飢荒。這位小姐就發表她的意見。

她說：「我覺得很奇怪，爲什麼他們專挑這些穀物來吃？除了這些穀物之外，不是還有其他東西嗎？譬如脆餅和派等等。」

本來他們談得很快樂，在男人圈裏，突然加入女性，原也無可厚非，但是男性交談時，最好不要隨便插嘴，胡亂發表意見，否則徒遭人貽笑。最好細心傾聽他們談話，他們會覺得妳很有教養。

57 在宴會上不要衹注意男朋友，也要注意周圍的男性

有許多人在宴會上很注重穿着與飲食的禮貌。本來宴會是讓大家高高興興喝酒、吃飯、談笑的地方，服飾倒是其次，最重要的是保持宴會熱鬧與愉快的氣氛。

即使你們是一對情侶，如果老是黏在一起，就表示不太懂宴會的意義，同時也表示不接受周圍的人情。所以妳必需與周圍的人交談，有時還可以主動地勸勸酒，高高興興地與人相處。

愛與戀愛的格言集④

*最幸福的就是戀愛的滋味。（紀德）

*戀愛中的男人，在愛人面前既尷尬又愚笨，一點也沒有魅力。（康德）

*二十歲的戀愛是幻想，三十歲的戀愛不專一，到了四十歲才能眞正了解戀愛的眞諦。（歌德）

*戀愛不過是讓異性知道自私自利的自我縮影而已。（柴霍甫）

*所謂結婚，就是爲膽怯的人準備的一種冒險。（伏爾泰）

58 男朋友的母親所送的飾物，拜訪時一定要戴

電影明星〇〇曾經聽過一位百貨公司的董事長夫人告訴他：「別人送給你的領帶，即使不喜歡，將來去拜訪他的時候，仍必須繫這一條領帶，因爲送禮物的人，即使幾十年以後，也會記得送過什麼東西。」

從此，〇〇先生對於別人送他的領帶，不論多麼不喜歡，當他與送禮的人見面時，一定會繫上。送禮的人看見了，往往會高興得連眼睛都瞇起來。很奇怪，這時連過去一直不喜歡用的領帶，也變得喜歡了。

〇〇先生的這段話表示人際關係中禮貌非常重要。妳到男友家去拜訪，他母親送妳項鍊或圍巾等禮物，表示對妳有好感，妳必須誠心地表示謝意，並且高興地接受，才是有禮貌。但是爲了表示對她的誠心謝意，下次再到他家做客，就需穿戴這些禮物，以實際行動來表示妳的感謝。

59 家門前若是又暗又小，應由他下車送妳

有位德國報社的特派員曾報導：「在日本到處可以看到用車子送往迎來。有一次參加宴會之後，由於他沒有喝酒，於是開車送一對夫婦回家，到了小巷子內，雖然車子開進去沒問題，但是倒車就相當麻煩了，他說在他的國家內從不發生這種情形，大概是自己的技術有問題，才倒不出來。」語氣中充滿諷刺意味。有些人的門前小路確實很窄，車子開進去就會遭到同樣的情形。

如果與男友一起開車出去兜風，回家時，門口的路很寬敞，停車當然沒有問題，若又窄又暗，就有可能遭到無法倒車出來的難題。

這時妳可以告訴他，最近因爲坐計程車回來，車子無法倒車出去，以這種理由，請他中途下車送妳。因爲路又窄又暗，他沒有理由不送妳。還可以趁此機會，吸吸外面新鮮的空氣，慢慢走回家，這也是約會之後，讓兩人再接近的最好機會。

60 他談到得意的話題時，妳問些問題，能表示關切

有一本教育雜誌曾經刊載：「興趣比技藝更能幫助你」。這是與小學生面談的實際報導。有個小學生，不知道什麼原因，跟級任老師合不來，甚至不想上學。下個學期，換了一位級任老師之後，他每天都變得精神奕奕，高高興興地去上學。

原因完全在他的興趣上。這個學生在學校裏，很會下象棋，甚至連老師也贏不了他，過去那個級任老師曾經對他說：「你這麼熱中象棋，有什麼用呢？」受到老師的奚落，他感到悶悶不樂。但是這位新老師就完全不同了，他象棋下得好，尤其擅於用「馬」，又喜歡看有關象棋的雜誌，經常指導他棋藝，也常告訴他許多有關象棋的典故。

不僅這位學生如此，任何人對於自己感興趣的事情，如果有人願意傾聽他談論這些得意的事，就會不厭其煩地說。尤其是男性，卽使已成年，還是童心未泯，喜歡與談得來的人交往，這是事實。

如果妳的男友談到感興趣的話題時，不僅要洗耳恭聽，還要不時提出一些問題，主動向他請教，或表示很關切。例如男友喜歡釣魚，就可以問他：「什麼時候去，去哪裏釣啊？是不是釣了很多？」他一定很樂意告訴妳，你們也會愈來愈投緣。

61 即使與男友相交很深，也不可以侵犯他得意的領域

有一次報紙報導一位得過很多文藝獎，在地方上小有名氣的女作家。她的先生主編某本雜誌，她從旁協助，但祇是幫忙而已。例如當同仁在舉行文學研討會時，她祇是幫忙倒茶或作飯，對他們的議論絕不插嘴。

她經常這樣尊重男性，她認爲如果其中加入知名女作家的建議，恐怕就傷害到男同事的和氣。

一般男性對自己的工作與興趣，往往很自負，身爲女性，應該時常考慮到不傷害他們的自尊，處處尊重他們，才能表現女性應有的細心。

當妳和男友的興趣相符，而且知道得更多，就更應該避免對他吹噓，否則易傷到他的自尊，以致對妳印象不好。妳應該像那位女作家一樣，明明知道，也要裝作不懂，或者配合對方，巧妙地對談。

62 失約一次，下次應主動提出

美國有一首老歌的歌詞是這樣：「她拒絕我的約會，使我心碎，我把她的下巴打碎了」。的確男性遇到女友不赴約，是個很大的打擊，即使女友的確有某些原因無法赴約，也會悵然若失。

因爲有事無法與他約會，以後應及早主動地提出，積極地與他會面，以使他感到安慰，而釋懷心中那般莫名的氣憤。

接吻時男性心中想些什麼

兩人接吻時，男人心中想些什麼，女性大多很想知道。據分析，在想下一步的行動者佔37％，爲數最多。也就是當女性沉醉其中時，男人已經在考慮下一步如何作戰。其他高尚者感覺正在戀愛中的佔24％；那種純情派的無我狀態感的人佔21％。以上是以100位經驗較少的人爲對象來分析，如果是老手的中年男性，恐怕他們所想的事情，會令妳嚇一跳。

花花公子雜誌曾報導一位法國名導演自傳中的一段：「如果女友拒絕心愛男友的約會，不應該懷疑女友沒有誠意，因爲眞正沒有誠意的女性，照樣會等待你下次的約會……。妳不必怕主動與男性約會，因爲約會的費用，男性一定會付的，男人就是這樣。」

愛與戀愛的格言集⑤

*戀愛的股票市場，沒有穩定的股票。（包德雷爾）

*男女之間沒有友情。（王爾德）

*戀愛有四種：熱情之戀、與趣之戀、肉體之戀、虛榮之戀。（史丹道爾）

*與其讓愛人說出眞心話，不如被騙來得幸福。（拉·羅賽夫克）

*要想被愛，應小心說話，打開愛心的鑰匙就是「秘密」（芙蘿里安）

63 在車上遇到老人應該讓座

在公車或電車上，遇到老人或殘障者應站起來讓座，這是應有的態度。如果妳和他在車上相遇，祇有一個位子讓妳坐，而身邊又有老年人，妳不妨馬上站起來讓位給他。如果妳與他同坐在一起時，讓座當然是一種美德，但妳若比男朋友先站起來讓座，恐怕會使他很難堪。

這時他既不能慌張地站起來，但在妳以及周圍乘客的注視下，又覺得坐立不安，雖然妳是好意，却令他難堪。

如果他正專心的和妳談話，沒有注意到，妳也不可以很露骨地對他說：「喂！」，可以用眼睛或手肘向他示意一下，他一定懂。

妳這樣暗示他，他一定會高興地站起來，雖然祇是小小的差別，由此却可以表示妳的細心。

64 如果自己先吃完，必須招呼對方慢慢吃

自己先做完，還不忘向對方致意的人，會給人好印象。吃飯也一樣，如果妳先吃完，必須向對方招呼一聲，要他慢慢用。

就像對方先吃完一樣，會令妳慌張。相反地，即使他不慌張，在妳的注視之下進食，恐怕也是食不知味。

爲了不讓他覺得不好意思，妳先吃完之後，應該說一聲：「你慢慢吃！」不要讓他過於匆忙。

65 事先告訴他妳何時在家，不要讓家人窮於應付他的電話

當妳不在家時，也許男友會打幾次電話找妳，讓家人窮於應付。男友打了幾次電話都沒接到，也不好意思，而且每次家人都祇告訴他：「還沒有回來。」也是很麻煩。

因此事先告訴他，妳什麼時候不在，預先指定時間，免得讓他打了好幾通電話都找不到人，而心裏覺得不舒服，家人也窮於應付。

66 對頑皮、討厭的孩子，不要露出不悅之色

有人說：「小孩就像天使」但是有些天使在公車或電車上，向周圍的人找麻煩，或在牆上亂畫亂塗，破壞公物，這恐怕不會被認為是天使吧！大部份人都不喜歡這些調皮、搗蛋的孩子。當妳和他在一起時，周圍出現這種孩子，妳大概馬上皺起眉頭，但是在這種場合，露出不悅之色，恐怕易遭男友誤會。

一般男人都有一個觀念，認為「所有的女性都喜歡小孩。」妳若露出不悅的臉色或皺眉頭，他就誤以為：「這個女人大概不喜歡小孩。」

3章

如何做個開朗的女性

67 笑容是女性最好的表示

對一個演員而言，最困難的演技就是「笑」。因爲表演笑，與其他的表演不一樣，不論演得多好，如果無法表現出眞正開朗的樣子，難以使觀衆感到那是一種眞正的笑容。

美國過去有一位大明星，主演一部驚險的電影，一直演得很好、很順利，但是最後一個鏡頭竟然無法演好。當她拍攝各種驚險鏡頭之後，最後遇到愛人，應該笑一笑，却無法自然地笑出來，吃了好多次「NG」，最後竟哭着說：「我辦不到。」導演就對她說：「爲什麼呢？妳祇要像平時對我們笑的樣子就可以了，難道妳忘了自己是個誠實而善良的女性嗎？」這時她露出一個非常開朗的笑容。

笑容是無法勉強的，對人有誠意，才會自然地流露出來。當然，妳對他的確有誠意，自然就能露出很開朗的笑容，這對他則是一個動人的笑容。

68 勉強的笑容，祇有給他惡劣的印象

以前北歐一家報社的駐日特派員，曾有一篇震撼人心的報導，題目是：「日本人像哭一樣的笑容。」內容敍述他的父母來日本旅行的觀感，他的父母認爲大多數的日本人笑得很勉強，使人看了不愉快。

他們在日本的這段期間，遇到的日本人都是一樣的笑容，使他們覺得有些不對勁，不知道這些人是在笑還是在哭。他們說：「不論笑容怎樣，如果心裏不笑，絕對無法使對方有好印象。」

雖然日本人的笑容，並非都是「臉笑心不笑」，但是他們的說法並非沒有道理。姑且不論對其他人的笑容，如果對愛人也勉強裝出笑容，尤其是牽涉到隱私的問題，兩個人都很敏感，更可以看出對方是否在假笑。

笑容是一種很好的表現方法，但是笑得不當，反而給人產生不良的印象。爲了表現而故作笑容，總有些不對勁，難以給人好感。祇有充滿愛心的笑容，才能使他的心也開朗而快樂。

69 讓妳久等不遇，離開時應留言

從前日本人的觀念認爲「女人祇有等的份。」現在講這種話，一定遭到女性反感，男朋友遲遲不到，當然是他不對，妳生氣回家去，並非沒有道理。

也許他有正當的理由讓妳久等，不論理由如何，他在途中想到讓妳久等，使妳不高興，會覺得歉疚，但是當他抵達約定的咖啡廳，見不到妳的人影，而且在服務生那兒也未曾留言，想道歉也不知去哪兒找妳，心裏一定很難受。

因此，當妳久等不遇而想一走了之時，不可一聲不響地走了，應該留個字條：「我已經等了××分鐘，不見你來，也不知你是否會來，我就先回去了。我想你大概很忙，若與我聯絡，可打電話。」

像這樣的留言，可以寄在櫃台，雖然同樣是回去，但有留言，他就可以想到妳對他還很體諒，因而對妳更好。

70 讓妳久等，在責備他時，應有幽默感

有位男明星，在自傳中記述這樣一位女性。當他和那位女性戀愛時，是在他未成名之前，因爲工作的關係，與女友約會經常遲到或無法赴約。當然沒有一位女性在白等一陣之後不生氣的，有時他的女友會說一句狠話：「今天你家誰死了。」他便應道：「我叔叔去世了。」他說：「她是個能體諒別人，而且是個大方、開朗的女性。」

約會時久等半天，還遲遲不見男朋友的人影，的確令妳生氣，如果對方也跟着生氣，一場約會就報銷了。但是男友既然已經遲到，妳應先聽聽他的解釋。

妳不要生氣，就像平常一樣，幽默地說：「你是不是在路上想要買什麼禮物送我啊！」用這種俏皮話指出他的不是，就不致使他難堪，反而讓他認爲妳是體貼的女性。

走路姿態

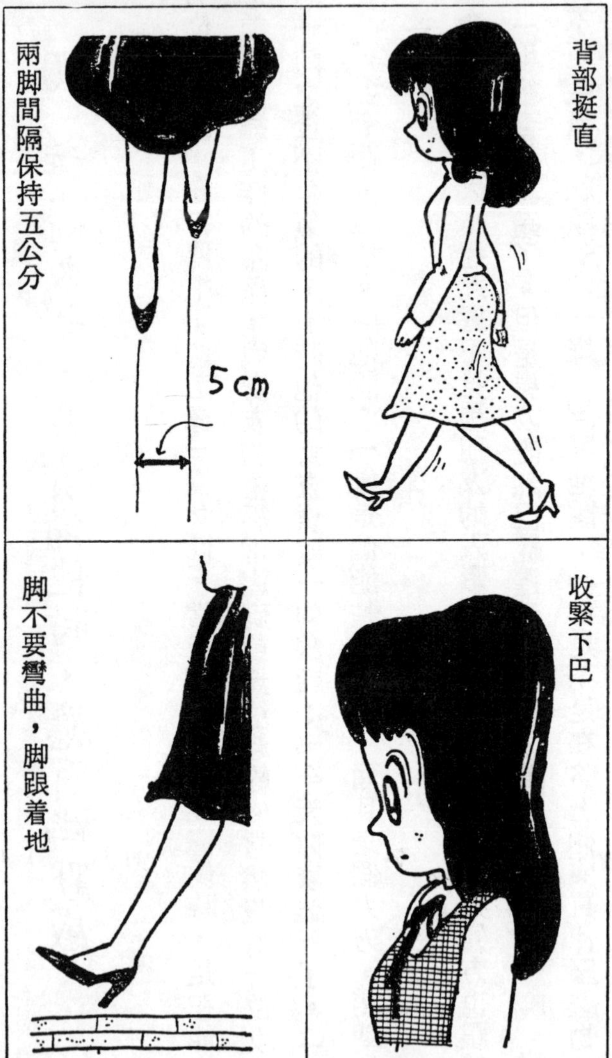

優雅的

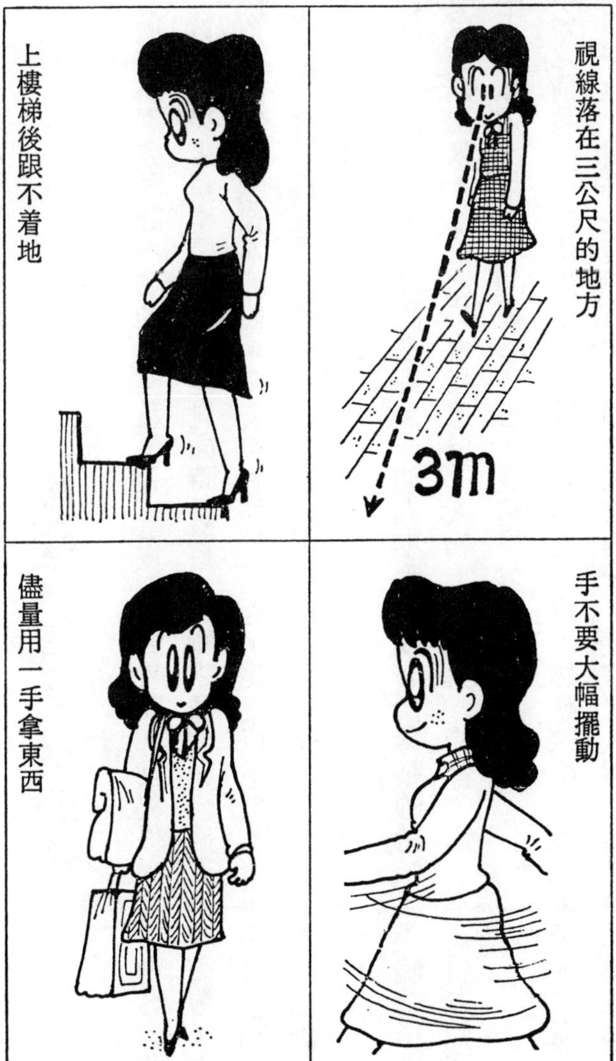
視線落在三公尺的地方
3m
上樓梯後跟不着地
手不要大幅擺動
儘量用一手拿東西

71 與他見面之前，若心情不愉快，應注意自己的臉色

有個評論家去拜訪有名的企業董事長，在約會的時間，女秘書請他在會客室稍微等一會兒。後來董事長出來和他見面時說道：「剛才我參加一個重要的約會，因爲氣氛不太愉快而感到不舒服。今天與妳初次見面，如果以這種不愉快的臉色和妳交談，也許妳會以爲我是個脾氣不好的人。很抱歉讓妳久等，等我心情平穩之後，情緒恢復一下，再和妳交談。」

從這一段話，我們可以體會到，一個人不愉快或心情緊張的時候，不論怎樣隱藏，總會顯露出來。如果這時會見重要的人物，或與男友約會，爲了不讓對方知道妳不愉快，像這位董事長的細心作法，很值得效法。

約會之前發生不愉快的事，弄壞了妳的心情時，妳應該多照幾次鏡子，注意一下自己的臉色，看到表情不自然，應該試着對鏡子笑幾次，同時還要注意補粧與擧止，重新檢點一番，不可忘了恢復妳的心情。

72 被他開玩笑，卽使生氣也要開朗地表現

「太突然了，也許這一陣子公司會把我調到××分社去。」「什麼？多久呀！」「也許三年、或五年。」「眞的？」接着男朋友會向不高興的妳說：「假的啦，騙妳的。」一面說還一面笑，妳是否有這種經驗？

雖然男朋友並無惡意，也許祇覺得好玩，開玩笑讓妳上當。爲了表示玩笑開得過份，使自己不愉快，可以多少表現出生氣的樣子。

問題在於生氣的態度，如果妳意氣用事，拚命數落他的不是，使對方老羞成怒而反唇相譏，就可能引發一場無謂的爭吵。相反地，如果妳不說一句話，臉上露出不愉快的表情，也一樣破壞氣氛。

爲了不引起爭吵，使他覺得不好意思，妳可以用這種口氣說：「玩笑不要開得太過份。」若是他向妳道歉，可以開朗地說：「這樣說謊，使人家很擔心。」

雖然是一樁小事，但是妳這樣開朗，也會使他覺得妳很可愛。

73 批評他的朋友，難免會牽涉對他的批評

有人說：「朋友就是自己以外的自己」。如果妳批評他的朋友，等於間接批評他，尤其是無意中指出他朋友的缺點。換個立場，當他批評妳的朋友，他也應該考慮一下。

對初見面的人，當然不宜批評，即使見過幾次面，也不可以隨意批評。如果男朋友問妳覺得他的朋友怎麼樣，妳應留心，除了談到他的缺點，也要談優點。

愛與戀愛的格言集⑥

*再等二十四小時，也許可以找到比自己未婚妻更好的女人，男人都有這種想法。（塞巴）

*男人經常戀愛，但不深刻；女人偶爾戀愛都很深刻。（巴斯特）

*男性化的女人，並不比女性化的男人更討厭。（莎士比亞）

*女人會記得笑自己的男人；男人會記得爲自己哭的女人。（雷尼埃）

*戀愛與謠言，常見於茶餘飯後。（菲地楠）

74 同情他，反而使他失敗更大

日本的高中許多學生成爲棒球部的女經理，她們的日記，常刊載在某雜誌上。這些高中每年夏季都舉行預賽與決賽，贏的球隊可以到甲子園參加競賽。進行決賽時，雙方一直都未得分，比賽進行到第九局，這時是兩出局，打擊者已上三壘，因此打擊者想用短打打出滾地球，讓三壘的隊友跑回本壘得分，誰知球却不聽使喚地飛向外野。

最後來個再見接殺，隊員都很失望，大家哭了起來。這時三年級的女經理就站起來對她們說：「這次我們雖然沒有機會，但並不表示以後就沒希望進入甲子園，忘了這場輸球吧！去爲二年級的加油吧！」由於她這幾句激勵球員的話，使球員開始發奮圖強，加緊練習，第二年終於如願地進入甲子園比賽。

這件事雖是發生在女性身上，但是男性也一樣，失敗了必須想辦法讓他站起來。這時不要用同情的方式，必須激勵他。男朋友在事業上遭到挫折而氣餒時，妳不要和他一起嘆息，應該改變他的心境。

75 同樣說個「好」字，意思差別很大

經常無心的一句話，傷害了對方的自尊。有一個漫畫家，過去還在某公司上班時，因爲女朋友一句無心的話受到很大的打擊。

那是慶祝女朋友生日，請她到小吃店吃飯所發生的事。當他說：「我今天請妳吃最喜歡的東西。」女友看過菜單之後，就說：「我選B餐就好了。」他聽了之後，心想：「妳嫌我薪水不多，祇選中等菜吃。」遂以爲女友瞧不起他，心中存着芥蒂。「就好」這兩個字，的確令人不舒服，好像在對他說：「我並沒有選最好最貴的東西啊，祇要中等的就可以了。」這樣說男人會以爲妳瞧不起他。如果女性確實不願意男性花費太多，不要說：「……就好」這兩個字。例如：妳想喝咖啡，妳可以說：「我要咖啡」，如果說：「我要咖啡就好」多了這兩字，給人的印象就不一樣了。這雖是一件小事，但值得注意。像這一類的用語，如果不留心，恐怕無法了解其中的差異竟是如此大。

76 與男友在便宜的地方吃飯也要高高興興

有時男友可能因爲身上沒帶很多錢，而帶妳去便宜的小吃店吃飯，他認爲祇要眞心交往，不必注重物質上的享受，可是有些女性無法了解男朋友這種心意，爲此鬧得不愉快，實在划不來。

當男朋友帶妳到他常去的小吃店吃飯，妳的臉上便露出不高興的表情，好像對他說：「你怎麼帶我來這種地方吃飯？」再加上店裏的伙計不小心碰妳一下，妳就生氣的說：「你弄髒了我的衣服。」使四周的人都感染妳不高興。這時妳也許會說：「我不喜歡這裡，我們換個地方。」拉着男朋友往外走。男朋友對這件事會感到很不好意思，而妳這麼歇斯底里的態度也令人厭煩。

這種女性，不但令周圍的人瞧不起，也使男朋友反感。因此女性不論到高級飯店或是普通小吃店吃飯，都應該高高興興地爲對方着想，如果妳無法考慮到這一點，就辜負他請妳吃飯的好意。

77 不論兩人如何親蜜，不要忘了道謝

在大學求學中已經訂婚的某位女性，爲了介紹男朋友給親近的朋友，請她們吃飯，當然付錢的仍是她的未婚夫，吃過飯之後，大家都向他道謝。

與男友初次見面，女性大都不會忘記說聲道謝的話，慢慢親近之後，往往就忘記這句話了。雖然男性請女性吃飯，目的並非讓女性說聲「謝謝」，但是不道謝，男人也覺得不舒服。

有位電視劇名導播，夫婦兩人一起出去吃飯，飯後太太仍不忘說：「很好吃，謝謝！」使人聽了覺得很舒服。這就是諺語所說的：「卽使親近的人，也不可忘記應有的禮貌。」

有人請妳吃飯，妳對他表示謝意，這是接受對方好意的表示，男友請妳吃飯，一定要說：「今天的飯很好吃，謝謝！」

78 拒絕約會總要找個理由，卽使假的也可以

有位美國作家的一篇小說，其中有一段對話是這樣：男友在電話中問女友：「今晚有空嗎？」女友很抱歉的說：「對不起，很不巧，我母親剛從家裏來看我。」男友覺得有點吃驚，輕輕地說：「妳的母親有鬍子嗎？」「那裡的話，當然沒有。」過了一會兒，他說：「妳眞好！」她回答說：「你已經是大人了。」

這種對話，表示知道對方在講謊話，但是考慮到對方的立場，因此都不牽涉到男女關係的事。實際上，在男女交往的時候，如果對對方有意，不妨善用一點謊言。

例如：妳與公司的同事約好要一起去郊遊，而男友也約妳出去玩，妳可以將實際情形告訴他。有時男友可能會問：「是和女同事出去嗎？」或「妳看不起我！」使他心裡感到不舒服。如果妳認爲照實說出來，會使男友誤會或不舒服，不如編一點謊言，告訴他自己臨時有點急事要辦，或家裏有事無法出去，對方就不致感到不安心。

79 無論怎樣，絕不可談起過去的愛人

任何人都想知道愛人的事情，這是人之常情。有位男作家曾這麼說過：「對方的衣服下，好像隱藏着什麼，甚至皮膚下也隱藏一些什麼，在她的腦中、身上，不知存着什麼……。」

如果不管男朋友的心情而拼命問長問短，恐怕他也不會完全告訴妳。尤其是有關以前愛人的事，說出來對兩人都沒有什麼好處。

有位女性與男朋友認識不久，他便

年輕男性的音樂與女性

●喜歡的音樂：
①搖滾樂　②新音樂
③靈魂舞　④歌謠
⑤迪斯可

●感到具有魅力的女性部位：
①胸部　②臀部　③腰部
④臉　⑤小腿　⑥大腿

●結婚年齡：
①22歲～24歲　②25～30歲
③超過30歲

向她詢問過去那位男朋友的事，女孩認為過去的男朋友也許與他認識，因此，把任何事情都告訴他。以後兩人的交情逐漸深了，男朋友總是覺得不高興，他認為兩人之間好像有點問題，與她交往愈深，愈嫉妒她過去的愛人。其實對這位女性而言，認為告訴他這些事並沒有什麼，可是男朋友卻很在意，終於兩人還是為此事而分手。

就像這樣，如果現在的男朋友，想聽妳過去的戀愛故事，妳若認為他很正直，而坦率地告訴他，那反而引起不必要的痲煩。假使對現在這位男朋友有意，有時善意的謊言是很有效的。

愛與戀愛的格言集⑦

＊考慮戀愛是什麼的人，就無法戀愛。（高柴夫）

＊戀愛像出疹子，年紀愈大愈嚴重。（威廉・基羅德）

＊以喜不喜歡的問題去責備別人是傻瓜。（柴霍甫）

＊把戀愛中的人救出，不是理智而是忙碌。（芥川龍之介）

＊戀愛要維持到壯年的人，必需付出很高的利息。（梅南道洛斯）

＊男人想做女人的初戀情人，女人想做男人的最後情人。（王爾德）

80 犯了一點小錯，機智地應付過去

明星高島忠夫在自傳中，有這麼一段故事：

有一位太太去探望友人生小孩，在醫院的雙人房內，另一張床上是個年輕的美國太太，還有一位好像是她的母親。

當兩位日本太太談得正高興時，突然傳來一個很響的聲音，原來是那位高大的美國中年婦人放了一個屁，她用手打着她那像石臼一般的臀部說：「妳這樣不對哦！」並且向兩個日本人說：「對不起！」使他們兩人笑個不停。

人總免不了會犯錯，既然發生了，就應想辦法處理善後。這個故事啓示我們如何處理善後。萬一妳與男友在一起，在很多人面前犯了小錯，不用很難過，祇要說一聲：「很抱歉！」然後開朗地笑笑，氣氛就不一樣。年輕人大都不太習慣世俗禮儀，如果在男友家中或宴會上有點失態，可以用妳的機智應付過去。

81 想矯正男朋友的惡習，可假藉父親或哥哥的話來提醒他

每個人都有些惡習，但是本人大都不在意，卽使注意到，也不會積極地改過來。如果有人要糾正他的毛病，而直接對他說出來，可能徒令他生氣，甚至說：「我高興！」或「你管不着。」

如果妳對男朋友抖腿或咬指甲的習慣，覺得很討厭，也不可以直接說出來。雖然每個人的反應不同，但是說得太過分，祇會破壞彼此的感情。

妳不妨假藉他人或自己的父親、哥哥，間接地提醒他，把語氣說得婉轉一點。例如男朋友有抖腿的毛病，妳可以說：「我爸爸有抖腿的毛病，而且很厲害，吃飯的時候，我就對他說『這樣抖，卽使有地震也不知道』。」妳不妨用這種方法試試看，也比較好啓齒，男朋友也不致太難堪，而且能體諒妳的用意，說不定因而改正過來。善用說話的技巧，除了不傷和氣，更可以增加兩人的感情。

82 卽使不會喝酒，也要保持和諧的氣氛

男朋友請妳到卡拉ＯＫ去，並不是爲了喝酒，而是想在特殊的氣氛中，和妳高高興興地交談，享受快樂的時光。他認爲不論喝酒與否，都應該有和諧的氣氛。如果妳不會喝酒，他可能會爲妳叫果汁或可樂，但是妳也可以向他表示不想喝這些飲料，爲了不破壞氣氛，卽使不會喝酒，也可以叫一點雞尾酒或薄酒之類的陪他喝一點。

愛與戀愛的格言集⑧

*戀愛時不可能聰明。（法蘭西斯・培根）

*戀愛是一位女性有別於其他女性的妄想。（鄧肯）

*女人都應該結婚，男人則未必。（班傑明・狄斯累利）

*愛情如果以權勢去威脅別人，就喪失它的魅力。（莫泊桑）

*愛情與詩一樣，是一種藝術。（莫洛亞）

*情人們的爭吵，是戀愛的更新。（鐵楠第歐斯）

83 與他商談事情，事後應告訴他結果

有位男性的遠房親戚是一位二十多歲的女性，由鄉下來找他商談事情。她告訴他，再過幾個月就要結婚了，但是心中另有愛人，希望與未婚夫分手，問他該怎麼辦。

看到她沈重的表情，他就告訴她：「不可輕舉妄動。」很懇切而仔細地向她建議一番。最後她說：「我回家考慮考慮，如果無法改變我的心境，再與你連絡。」說完就走了。

過了一、兩個星期，仍然沒有得到她的回音，這位仁兄覺得很不安，因此就假藉其他事情，打電話給她，誰知這位小姐竟輕描淡寫地告訴他：「那時祇是一時的氣話。」她那種輕率的口氣，簡直使他氣炸。

妳如果與男朋友商談一些事情，不可以說說就算了，必須告訴他最後的結果，而且在他還沒有向妳提起以前，就告訴他，這是禮貌。

84 約會時遇到熟人，應先為他們介紹

約會是相愛的兩個人共同享受的輕鬆時刻。若碰到一些熟人，應該表現良好的風度。

例如：兩人在吃飯或去看電影的途中，碰到朋友，如果祇顧與對方談話，讓他傻傻地呆在那兒，這是很失禮的。等到說了一陣子，才忽然想起來，再把男友介紹給對方，這樣對男友與對方都很失禮。

必須先介紹兩位互相認識，而且不可因爲和對方很熟，就隨便介紹，必需愼重一點。當然介紹之後，不應再與熟人談下去，可以說一句「以後再連絡。」就可以結束了。

遇到好久不見的朋友，可能會談久一點，這時可以向男朋友說一聲：「對不起！我馬上就來。」讓他先走一步，這也是一個辦法。

85 與男朋友交往，必須讓父母知道

和男朋友交往的事，是不是該和父母談，或只是告訴他們男朋友的名字？我不是強調「親子斷絕」這句話，目前一些父母，對於女兒與男朋友的交往情形，大都不清楚。

當然，祇在一起喝過兩、三次茶的男朋友，不用急於告訴父母；等到交往到某種程度之後，就必須婉轉地與父母溝通。

如果男朋友請妳吃飯，妳不曾告訴父母，當男朋友打電話找妳的時候，不知情的父母親，就不會向他道謝，祇是幫妳們傳電話而已，可能就讓男友認爲妳的父母不懂禮貌，認爲自己的孩子在外面打擾別人，也不道謝一聲。

相反地，如果母親了解妳們的交往情形，會在電話中說一聲：「前兩天我女兒叨擾你的飯局，她很高興，以後請多多照顧她。」男朋友聽了這些話，一定很高興，雖然這是小細節，但是男人都很注重。

86 送領帶給男友，最好與他一起去選購

女性對男性用的領帶，看起來都差不多，但是卽使平常不太注重衣着的男性，選購領帶時却很愼重，因爲領帶在公共場所，大家都很注意，是男性很重要的裝扮。

例如：明星〇〇先生以大領帶聞名，使大家對他印象深刻。不祇領帶，日常用的東西，如手帕、記事簿等都一樣，可以表現一個人的個性與氣質。但是

被不喜歡的女性愛上怎麼辦？

①避免一對一見面。
②儘量不要接近她。
③不着邊際地敷衍她，不作具體的約會。
④騙她已經有愛人了。
⑤避免視線接觸。
⑥斷然的拒絕她：「對不起！我們無法進一步交往」。
⑦讓她看到你和別人親熱的情形。
⑧稱讚其他男性，讓她轉移目標。

領帶是最容易被人看見的飾物，可以說是男人的第二容貌。

很多女性都想要送男朋友領帶。但是這不僅僅送就算了，還需要考慮很多事情，最好與男朋友一起去買。如此，可以避免他不中意。

如果妳獨自去選購，不妨參考過去他所繫的領帶。

領帶可以表現一個人的個性，不可掉以輕心。

愛與戀愛的格言集⑨

*感情不過分就顯不出美；愛得不過分表示沒有充分的愛。（巴斯噶）

*沒有戀愛，無法知道人的眞情，對一個人憐憫，就已經在戀愛。（古歌）

*戀愛產生挫折，就會愈愛愈深。（英國諺語）

*戀愛者對於最信任的事也會懷疑。（拉·羅修飛爾）

*維護戀愛最正確的手段，就是使戀愛成功。（馬利澳）

*有損戀愛的祇是害羞的人。（英利愛爾）

87 師傅站在客人面前，應稱讚他一聲

壽司店或小吃店，大都坐在櫃台邊吃飯，裏面的大師傅也許會問妳味道如何。這些師傅直接接受客人叫菜、做菜，當然很想知道自己作的料理，是否合客人的口味，如果客人稱讚一聲：「不錯」、「很好」，他一定非常高興。

妳與男友到這種地方吃飯，覺得很不錯，而且吃得碗底朝天，男朋友也很高興，甚至作菜的師傅也很愉快。站在妳的面前，看見妳吃得津津有味，並且說一聲：「嗯！眞好吃！」他心中自然有無限的溫暖。

有位企業顧問曾說：「吃飯菜，就是吃作菜者的心意。」如果妳吃得津津有味，而且說幾句他們想聽的話，包管妳會大受歡迎。

每人的口味都不一樣，遇到不合自己口味是難免的，甚至吃不下，卽使如此也要向大師傅說一聲：「你做的菜眞好吃。」男朋友會認爲帶妳來這兒吃飯是對的。

88 聽到黃色笑話，不要皺起眉頭不高興

許多男性喜歡說黃色笑話，尤其是幾個男人在一起，一定會談。無聊的時候，男朋友也會講一些黃色笑話，酒席上更是免不了。

但是女性聽到這種黃色笑話，馬上會排斥，自然而然瞧不起說黃色笑話的男性。

男人對黃色笑話不像女性那樣敏感，只不過是大家說說笑而已。因此在咖啡館或速食店，如果男朋友與周圍的人一起說黃色笑話，妳不可太露骨地皺起眉頭，如果妳說：「不要說這種討厭的話。」將使所有人感到掃興，男朋友也會認爲妳很殺風景。遇到這種情形，妳不用太認眞，可以帶着微笑，不當一回事，男朋友對妳反而有好感。

89 經由朋友介紹男友時，應向介紹人報告進展的情形

有許多男女交往，是由友人介紹的，這是一種簡單的相親方式，雖然由友人介紹，但相親總歸是相親，介紹人在事前總要費一番心思，做相當的考慮才決定。

如果妳與男朋友情投意合，繼續交往下去，也許妳會忘了當初爲你們介紹的朋友。但是站在介紹人的立場，他會感到有些責任，同時也希望妳給他一些消息。因此，與男朋友開始交往之前，必須向介紹人說一聲，這是禮貌。

與男朋友有過幾次約會之後，也要向介紹人說一聲，假使妳是介紹人，就知道介紹人會時時惦記着兩人的發展情形。

妳向介紹人報告兩人交往的進展，他一定很高興。到這個階段，已經不是妳個人的事了，而是妳與他的事，也可以兩人一起向介紹人說一聲。

90 男友在別人面前說錯話，可以用問題來提醒他

任何人都難免犯錯，有時是先入爲主的觀念，也有無意間說錯話的。

例如：男朋友與妳交談的時候，妳發現他說的話有些偏差，這時妳若說：「好像不是這樣哦！」用這種口氣指出他的錯誤，以爲這是關心他，那就錯了。尤其在宴會上或公共場合，這樣無疑地使他有屈辱感。

被人指出錯誤，都會覺得不好意思，何況男人在女人面前，都有自誇的傾向，在這種情形下被女友指摘，實在令人難堪。

雖然如此，但是任男朋友在衆人面前說錯話，也不妥當，不是鬧更大的笑話嗎？

因此，不要直接指出他的錯誤，應該以疑問的口氣問他：「……是不是這樣呢？」這是一種辦法。用這種方法，男朋友在衆人面前不至於沒面子，或自尊受損。

91 雖然在電話中看不到表情，也要面帶笑容

妳有沒有躺在床上與男朋友通電話聊天的經驗。不要因爲在電話中，對方看不見，就可以隨便。因爲各種不同的動作，會使音調不同，對方能感受到。

因此，與男朋友通電話時，必需注意妳的姿態，妳帶着笑容，語調自然很開朗，給他很好的印象，這樣你們就可以愈談愈投緣了。

愛與戀愛的格言集⑩

＊戀愛不是盲目的，它有尊貴的眼睛。（巴麥）

＊結婚是祇爲一個人，使他人斷念的行爲。（摩雅）

＊美女經常與醜男結婚；因爲好男人不與美女結婚。（毛姆）

＊很傷腦筋，既不喜歡與女性一起生活，又不能過沒有女人的生活。（拜倫）

＊酒和女人是敵人，但總希望與敵人相逢。（蜀山人）

92 與男朋友談占卦或血型，祇可稱讚他的長處

花花公子雜誌的一位男攝影師曾說：「與女人聊天，如果沒有話題可談，可以看看手相。信口談談她的命運，會使她很高興。」女人對研究手相、面相、占星、血型等很有興趣。

許多女性喜歡和男朋友談到自己感興趣的事，這是人之常情。如果對血型很有興趣，就經常與男朋友談血型的種種特徵。如果男朋友是A型，就會告訴他A型的氣質與個性。這樣原也無可厚非，但是妳要注意一點，雖然妳所談的是一般人的情形，但可能使他誤認爲是針對他講的。例如：妳對他說：「A型的人很固執，而且有點神經質。」雖然這是書上說的，但是男朋友說不定就以爲妳在指摘他的缺點而不快。因此，妳對他提到算命或血型的話題時，必須拿優點來稱讚他。例如：「處女座的男性很細心，而且很和善，當情人最好。」或「書上說O型的男性，具有超群的統御力。」男朋友聽了會很高興。

應注意的事

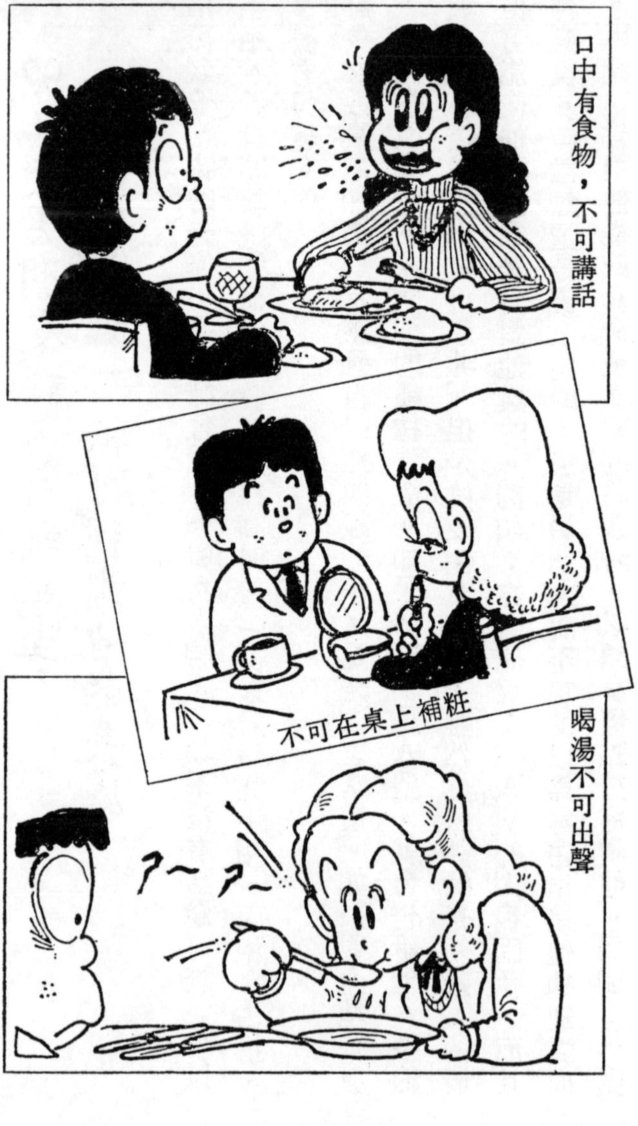
口中有食物，不可講話
不可在桌上補粧
喝湯不可出聲
ㄕ~ ㄕ~

在飯館內

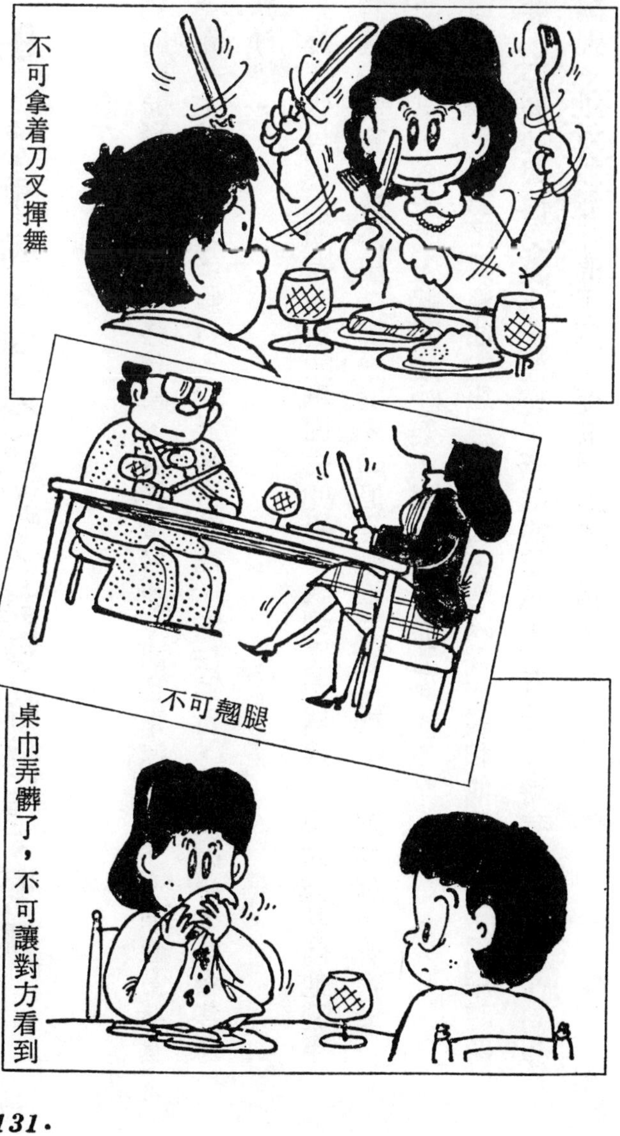
不可拿着刀叉揮舞
不可翹腿
桌巾弄髒了，不可讓對方看到

93 塞車時，可以說點笑話解除焦急、緊張

我們的交通環境很差，道路狹窄，信號燈又多，而且車速很快，交通經常堵塞，一片紊亂。尤其是週末或假日，交通經常堵塞，無法通行，這時開車的人會焦急不安或猛抽煙。

如果妳在假日與男朋友一起開車出去兜風，遇到交通堵塞，妳大概就向他發牢騷：「想個辦法嘛，難得出來玩一次。」但是開車的他，恐怕比妳焦急，妳這麼一鬧，更使他生氣，於是兩人就開始吵架，鬧得不歡而散。

在這種情形下，爲了減輕他的焦急與不安，應該設法緩和他的心情，用平時開朗的態度，輕鬆地與他交談，使他忘了紊亂的環境。而且塞車時有的是時間，可以讓你們談天，以增加彼此的了解，促進兩人的感情。

94 分別的時候說出難聽的話，會留給他惡劣的印象

如果妳是個職業婦女，也許受到工作環境的影響，或者不好向上司請假而感到不快。

同樣地，和男朋友交往，有時也會發生一些不愉快的事，例如：第一次與男朋友約定開車去郊遊，但是這一天突然有事，無法成行，不得不取消或延期。妳想和他談談約會的事，却看到他臉色不大好，結果難以啓齒。

在這種情形下，妳不可以再說出不愉快的話題，應該裝出若無其事的樣子，這是最好的辦法。如果妳遲遲無法決定是否與他商量，就會愈來愈不好意思開口，這樣和他約會也沒什麼樂趣可言。男朋友看到妳滿臉不高興，認爲妳可能身體不舒服，或是有什麼心事。結果，在分別的時候，妳若又說出難聽的話，而使男朋友一肚子不高興，而對妳產生壞印象，那就得不償失了。

95 心情不愉快時約會，應該表現得輕快些

一個人在高興、心情開朗的時候，走起路來自然很輕快，這種情形下，跟男朋友一起去郊遊，一定會踏着輕快的脚步，口中哼着歌，而妳的男朋友也會受妳的影響而心情也隨之開朗。

在喪氣、難受的日子，即使聽到音樂，也覺得悲戚，心上好像掛着秤鉈。在不愉快的日子出去郊遊，談話的內容也變得消沉，他當然也不痛快。

約會之前，若有不愉快的事情，或心情不好，就要特別注意，用輕快的脚步來走路。

有位名作家在中學時代父親去世，那時，他對弟妹們說：「今後你們到學校去，不可以慢慢走，應該挺起胸膛，提起精神走路，心情自然就能開朗起來。」

如果妳有意的以輕快的步伐來走路，可以意想不到地忘掉不愉快的事情，頓時開朗起來。與男朋友約會時，應隨時注意動作輕快，就可以忘記不愉快的事。

96 心裡不痛快時，衣服要穿得明朗一點

雖然妳是個開朗的人，但偶爾心裏也會不痛快。例如：親近的朋友搬到遠方去，或心愛的小寵物死了。這時和別人談話，自然流露出消沈、悲傷的表情。與男朋友約會的時候，難免遇到心情不好的日子，如果一臉不高興，徒然使男朋友擔心，而且這種心情，也會使妳的脚步跟着沉重起來。一直都這麼不痛快，很容易就爲一點小事和他吵架，甚至帶着更惡劣的心情回家去。

在這種心情下外出，必須改變妳的情緒，應該穿漂亮一點，而且要更仔細地化粧。男朋友看到與往日不同的妳，自然會對妳說：「今天好漂亮哦！」連眼睛都笑瞇了。

服裝不但使外表漂亮，也能影響人的心情，恢復妳的笑容，這是很重要的事，不可以不善加利用。

97 聽他說話，輕輕點頭附和，表示關切

某廣播界的音樂評論家曾說過：「爵士音樂的卽興演奏，是一種合奏，其他伴奏者必須配合演奏者來演奏。卽興演奏是最簡單而明快的表現方式。爵士音樂能否吸引他人，則決定於合奏的好壞。」

在日常交談中，如果有別人附和，就能更加和諧。聽別人講話的時候，輕輕地點頭，偶爾附和幾句，表示同意，可使談話更順利，而且氣氛也融洽。和男朋友交談的時候，務必如此。

例如：男朋友談到他的興趣，或工作上的事情，妳除了要注意聽之外，還要表示很熱心地在洗耳恭聽。這時不用多說話，不時點點頭，適當地同意一下就行了。

如果妳不說一句話，他可能認爲妳感到無聊，因此妳不妨附和他，好像對他說：「你的話很有趣，我正在認眞地聽。」妳這樣專心聽他講話，他會愈說愈起勁。

4章

如何做個有女人味的女性

98 女人味與賣弄風情大不同

男人經常說他們無法應付那些賣弄風情，如小惡魔般的女人。的確，在電視劇或電影裏面，我們經常可以看到那些風騷的女人，用妖里妖氣的魅力來迷惑男主角。

有些女人，一身珠光寶氣，濃粧艷抹，走在街上，引起男士們吹口哨。這種女人，在男人的眼中，只是遊戲的對象而已。

這種女人用調情的媚態，來引誘男人，使他產生遊戲的心理。這種感情祇是暫時的，與戀愛無關。

尤其是想結婚的男人，選擇女人的眼光又完全不一樣，可以說結婚與戀愛是兩回事。

賣弄風情的女人，與具有女人味的女人完全不同，她們是以技巧引誘男人，故意挑逗男人。有女人味的女人，則發自內心的思慕，表現出自然的愛。

如果妳眞心地喜歡男朋友，一定要知道他希望的女性是屬於那一種。

99 所謂女人味是率直與真心的表現

有位名歌手作了一首歌，其中一段歌詞是這樣的：「我從未想過爲女人味而活，也不曾希望男人叫我一聲美女，祇是在愛人面前，擁有一顆赤子之心，這是我的願望，也是我的生活。」她這種誠摯而純眞的感情，給人很鮮明的感受。

在社會上，一般人都要求女性應有女人味，尤其是男人，都希望如此。可是女人味的定義却很籠統，很少人眞正了解它的意義。

所謂女人味，也許就像那位歌手的歌詞一樣。

歌詞描述的女人味，沒有特殊的意義，祇是對人眞誠的感情，立卽在日常生活中，流露出自然的情感與動作，那就是女人味。

女人要有女人味，與其注重外表的裝飾，不如讓自己的心更有情感。

100 配合男朋友的服飾，才是得體的穿著

和男朋友約會或出去郊遊，一定很注意自己的服裝，除了必需配合時間、地點與環境，此外，還要與他的服裝配合，那才是最得體的表現。

不論妳多麼細心，如果沒有相當的服飾常識，就無法隨時隨地與他的服裝互相配合。例如，有時兩個人約好去某個地方，使妳不知道該穿正式的或隨便的衣着。尤其一般東方男性，對同伴的服飾，很少開口發表意見，如果兩人的服裝不相配，就讓人有很不相稱的感覺。

事前與男朋友溝通，就不致有這些困擾，萬一無法決定時，也可以主動的問男朋友，應該穿那種衣服。

事前溝通，可以互相配合。妳若時常注意男朋友的穿着，也很容易地與他配合，而表現出妳的細心。

101 在看不見的地方穿得漂亮，才是真正的漂亮

平安時代的畫卷上，那些眼睛往上翹，勾鼻子的美女。玩骰子那種與高采烈的樣子，大家都見過吧。她們穿的衣服叫十二單（平安時代女官所穿的禮服，下擺有好多層）。當時的女性，沒有洗澡的習慣，也不換衣服，所以十二單的下擺，愈是下面愈髒。到了夏天，那些年輕女性的身上都發臭。

現代女性大概都認爲這祇是歷史故事，與自己毫無關連。當然平安時代這種情形是太極端了。有些女性並非懶惰，而是不大注意，內衣雖然會洗一洗，可是穿那樣綴綴的內衣褲，去和男朋友約會，委實不妥當。

所謂眞正具有女人味的女性，對這種內衣也非常注意。

102 到男朋友家作客，應到廚房幫忙

到男朋友家作客，與他的家人一起吃飯。妳身爲女性，當然會猶豫是否應該到廚房幫忙？還是坐在那兒等呢？有很多人因爲不了解對方的情況，往往坐在那兒等。

有些人視廚房爲隱密的地方，大都不願讓初次來的她進去。有些人家，除了自家人之外，不喜歡外人進去；不過有些人缺少人手，希望有人幫忙。因爲像妳這樣重要的客人到家裏來，必然會爲菜餚費一番心思，如果這時妳到廚房問一聲：「要不要我幫忙？」可以給人親切感。有些坦率的母親，會積極地讓妳加入廚房。在這種場合，與其一句話都不說一聲地坐在那兒，不如進去問一聲需不需要妳的幫忙。不然也可以幫忙端菜，或擺擺碗筷，會令人覺得妳很懂事。

女人最了解女人，如果妳向他的母親表示要幫忙，男朋友一定更喜歡妳。當然，假如對方表示不要妳幫忙，就可以安心地坐在那兒。不論妳是否幫忙，祇要有心地說一聲，男朋友一定很高興。

103 搬家時，為大家準備茶點，一定令人記得妳

搬家時，從整理東西到最後的清掃工作，比想像中更麻煩。近來搬家時，祇要把東西整理之後，由打包到裝車的工作，都由搬家公司的人來做，非常方便。雖然如此，搬家的確是一椿大事。

如果男朋友對妳說要搬到公寓去住，大概妳也會說：「要不要我幫忙？」「我已經整理好了，只等搬家公司來搬，妳只要在搬家那天來幫我打掃就行了。」

當然，妳會很樂意。到了那天，妳應該穿着工作服去幫忙，妳這一身打扮，可以讓他和家人留下很好的印象。如果妳希望讓大家認為妳是個勤快的人，不妨這樣試試看。

除此之外，妳還可以帶着茶點去。在搬家的時候，恐怕已經把厨房所有東西都整理打包了，無法作飯，甚至要一杯茶都很困難。這時，妳帶了茶點過去，就是最體貼的幫忙。

看出男性的本意 1

強調妳優點的男性，表示對妳有好感

對誰都很親切的男性，會爲女朋友盡心

從言行舉止可以

男人嘴上對妳非難或攻擊，表示對妳有親切感

與妳牽手同行的男性很率直，是性情很好的人

104 以最拿手的菜招待男朋友，表示對他最大的愛心

有位女鋼琴家，寫一篇散文，題目是「燒焦的漢堡」，這是她與丈夫戀愛的故事。有一次，她請經常在外面搭伙的男朋友，到家裏吃飯，為了露一手給男朋友看，就以最拿手的菜——做漢堡招待男朋友，誰知不小心弄焦了，沒有辦法，祇好到外面去買壽司招待他。可是男朋友對桌上的壽司，一點興趣都沒有，而且還說：「我是為了吃妳做的漢堡來的，並不是來吃壽司。」於是她祇好拿出做失敗的漢堡給他吃，他竟然吃得津津有味，使她感動得眼淚都流出來了。

從前的人，招待客人在家裏吃飯，都要到外面去買幾樣菜，才算禮貌，可是現在這種作法，已經不合時宜了。

因為請客的菜餚是表示主人的眞心，無論多麼簡單，自己親手做的，正表示妳的誠意，對方一定覺得很高興。例如請男朋友到家裏吃飯，即使煎個荷包蛋，就像那位女鋼琴家的男朋友一樣，他也會很高興地吃妳親手做的菜。

105 卽使以速食菜招待男朋友，祇要加上香料與青菜，也能成為很好的菜餚

在美國電影中，經常出現這種對話：女友問男友：「今天我們吃××好嗎？」男朋友回答：「隨妳啊！」

她所說的「××」，就是指速食麵，速食菜這一類食物，祇要熱一熱就可以吃了。

這種速食餐，旣不花時間，又容易攜帶，實在方便。但是不論東、西方的男性，都認爲祇有女性做的菜才是最好吃的。因此，如果妳以速食品招待男朋友，就必須親手加工一下，例如拿出速食湯。如果祇用開水泡一下，就請他吃，他一定覺得沒意思；這時，妳祇要加一點香料，或加一點有香味的青菜，就像妳親手做的菜了。雖然祇是小小的差別，但是妳有這種應變的細心，足見妳是個令人喜愛的女性，男朋友對妳的看法就不一樣了。

106 男朋友到家裡作客，不必過分修飾，但也不可太隨便

請男朋友到家裏作客，往往使人猶豫不決，不知道該怎麼打扮。過分打扮，而疏忽對他的心意，就本末倒置了。

有一位很活躍的女評論家，有一天請她的男朋友到家裏作客。因爲很喜歡他，所以一大早就出去化粧，穿上漂亮的衣服。男朋友看到站在大門口迎接的她之後，就非常緊張，以至於也無法很自在地跟她的父母交談。因爲他看見穿着迷地裝的她，以及和平常不一樣的裝扮，使他忐忑不安。像她這種接待男朋友的方式，並不少見。如果她能了解男朋友到家裏作客的心情，就應該避免這種尷尬的場面。

在自家招待客人，穿着太華麗，以爲這樣是對客人的敬意，但往往適得其反。相反地，如果穿着太隨便，例如：穿着背心與牛仔褲也不好。最重要的是不必太做作，可以像平常一樣，很自然地把魅力表達出來。

107 罐裝或鋁箔包的飲料，倒入杯中再用吸管待客

在美國電影上，經常可以看到給情人喝飲料，都是將罐裝或鋁箔包的飲料，原封不動地拿出來給他喝。由於國情不同，在東方似乎不宜這樣招待客人。

如果在夏天，男朋友到家裏作客，看到他在擦汗，大概都會以冷飲招待。罐裝飲料原封不動地送到他的面前，這是不太禮貌的。妳得將飲料倒入杯裏，再加上冰塊，不是更清涼嗎？

招待男朋友之外，即使普通客人，除了飲料之外，取出食物來招待也是一樣。雖然最近在超級市場買回來的食物內，有時會附有顏色很漂亮的盤子，但是東方人對吃非常講究，即使妳沒有時間自己動手作菜，買回來的食物，還是要裝在自家的盤子上，這樣氣氛就不一樣了。

108 與男朋友道別時，必須表示謝意

快樂的約會結束之後，彼此說再見，對於兩情相悅的男女，是多麼依依不捨的時刻，這時除了道一聲告別，再說一點彼此牽掛的話，心裏仍然感到不是滋味。爲了使彼此高興，在臨別的時候，應該說一些感謝的話，例如：「謝謝你，今天玩得很開心。」祇要說一句這種話，就足以令男朋友回味今天的約會，然後滿懷興奮的心情回家去了。

電影「傑米」，其中有一段是描述一對十幾歲的年輕男女第一次約會的新鮮滋味。傑米是一位誠實的少年，當他第一次約會時，覺得有點樂昏昏，與女朋友在一起時，便不斷地談自己的事，後來覺得很後悔，在分別的時候就對女朋友說：「今天無法使妳快樂吧！」臉上露出擔心的樣子。但是女友並不回答他的話，祇是深情地吻他一下。

實際上，在分別的時候大概不至於這麼羅曼蒂克吧！可是妳的心意却與電影中的女孩一樣，故不要忘了對他表示妳溫情的謝意。

109 男朋友送書或唱片，下次見面應談談內容與感想

男朋友普通都是送書或是唱片當禮物，因爲這些很容易買得到，而且可以藉着裏面的內容，輕易地傳達心意給對方。

有位名作家，在學生時代，曾經送過幾本書給心愛的女朋友，還附上一張紙條，上面寫着：「請妳以此了解我吧！」附上這樣一張紙條，自然看得更起勁。

男朋友送書或唱片的意義，就是表示把自己的喜好，與妳分享，而且希望得到回響。當男朋友送妳這些禮物時，除了當面道謝之外，還必須記得向他說出妳的感想與心得。

或許有時沒有很多的時間去看、去欣賞，但是卽使是談談一篇文章，或是一個曲子的片段感想，也可以。而且妳的感想愈早對他說出來，愈使他高興。如果距離下次約會的時間還很久，也可以用電話告訴他，這是非常重要的。

110 在男朋友家中作客，想上厠所，有他父母在，必需伺機行動

年輕女性到別人家去作客，最困擾的就是上厠所。如果事前知道作客的時間很短暫，可以先在家裏上過再出門。但是到男朋友家作客，萬一和他的父母談得久一點，不巧又想上厠所，可以小聲地向男朋友講。若正與大家一起談話，就不可隨便站起來就去，應該選個適當時機再去。

與男友認識的方式

①工作關係。
②同校或兼職的場合。
③友人介紹。
④親戚介紹。

結婚的對象，因同事關係而結婚的最多；由同學關係而結婚的也不少；此外如電腦擇友而認識的亦有。

111 與家人連絡回家的時間，不可讓男朋友感到掃興

與男朋友相處，有時會忽然驚覺夜已經深了，這時妳也許就很慌張地站起來說：「我必須打電話回去講一下。」

當然，打電話回去告訴家人回家的時間，讓他們不用擔心，這是很重要的，但是也要考慮到男朋友這時的想法，因為兩個人好不容易快樂地在一起，突然這樣中斷，心裏也許不太舒服。

約會是兩個人的事，男朋友當然應該為妳着想一下，但是在這種情況下，突然冒出這個「家」字，著實不太痛快。

遇到這種情況，妳可以告訴他：「我上厠所去。」或「我去補點粧。」然後離席去打電話告訴家人回家的時間，這樣就不致使他覺得很唐突。

回到席上，可以說：「哦！已經這麼晚了，我們回去吧！」應避免說：「我要回家了。」這樣自然不傷害他的感情。

112 路上遇見他的朋友，兩個男人不斷的交談，妳可以若無其事地想辦法拆散

有一部法國電影「探險家」，是由亞蘭德倫、第諾·王都拉與喬安娜·西木卡斯三人主演。

片中亞蘭德倫與第諾·王都拉是非常要好的朋友，與飾演前衛派雕刻家的喬安娜·西木卡斯展開愛情與冒險的故事。在片中喬安娜·西木卡斯對兩位男人的言行舉止，値得妳參考。例如，當兩位男士正在談論與自己無關的事，而且談個沒完沒了，她便若無其事地將兩人拆開。像這種具有女人味的女性，不論東、西方，都能得到男人的喜歡。

妳和男朋友在約會的時候，若碰到他的朋友，且兩個人不斷地交談，使妳感到沒趣，當然，男友這種態度雖然不對，但是如果妳爲此生氣而繃着臉，對男朋友就不太好看。這時，妳可以學喬安娜的作法，對他說：「我在前面等你。」男朋友就會注意到自己的失態。

113 即使生氣、不愉快，也不要當場發洩，一定要過些時候再表示出來

有句諺語：「不打不相識。」有人說男女間的交往，吵過架後往往比以前更親密。事實上，遇到這種場面，恐怕不見得如此。有時心中不愉快，說的過火，而大傷感情。因此兩人快要吵架的時候，絕不要當場決裂，最好隔一段時間不見面，雙方都冷靜一下。

有位廣播員在主持節目時說了一句話：「如果要生氣，過一個星期再生氣吧！」不論多麼生氣，也要忍耐下來，經過一段冷靜的思考之後，也許所有的憤怒就都煙消雲散，不必再做傻事，而且心中也比較舒坦。

不論忍耐有多大的好處，但是不生氣也並非好事。有位女明星的丈夫敦厚老實，始終懷疑太太有外遇，但是不曾向她發脾氣，祇是請徵信社的人加以調查。所謂忍耐，是指不感情用事地與對方爭吵，用理智來處理，以不傷害到彼此的感情爲主。

114 在男朋友的車上抽菸，不可把染有口紅印的菸蒂放在車上

從前男人看到女人抽菸，覺得不像樣，如今大家似乎都默認了，與男朋友在一起抽菸的女性也不少。

抽菸的人很奇怪，不論男女，一坐上車就抽得多。根據某雜誌調查的結果是，長時間被關在窄小的空間，會增加精神負擔，而抽菸是最好的精神鎮靜劑。但是在車內吸菸，不可以把菸蒂留在車上。

妳抽過的煙蒂會沾有口紅，如果把它丟在車上，可能會引起一些風波。因爲男朋友的車子還會載其他人，如果是一位男性，當他打開煙灰缸時，看到沾有口紅的菸蒂，也許他就以此爲笑柄對妳的男朋友開玩笑，他還得作不必要的說明。如果他所載的不是朋友，而是他的父母，就更不得了。

不僅僅是煙蒂，如果妳花點心思把車內的髒東西或灰塵一起拿出來，卽使男朋友不是很愛惜車子的人，也會感覺妳是個很細心、很有女人味的女人。

115 到男朋友的住處，遇到鄰居要和他們打招呼

訪問公司都有個規矩：「凡是在公司內遇到人，必須點頭招呼。」有些學生甚至看到打掃的工人也會行禮，雖然不必做到這種程度，但是妳到男朋友的住處，遇到他的鄰居，應該打招呼，表示關心，以免讓別人以為妳是個不懂禮貌的女孩子。

男人認為結婚的好處

●男人認爲結婚有那些好處？

①不用做家事。

②生活可以安定。

③有小孩子的樂趣。

④消除孤獨感。

⑤無所謂。

⑥讓人家認爲也是個大人。

●調查東京的男學生對結婚的看法，大都回答：「可怕」、「痛苦」。認爲結婚帶有薔薇色彩的人，實在很少。

的禮貌

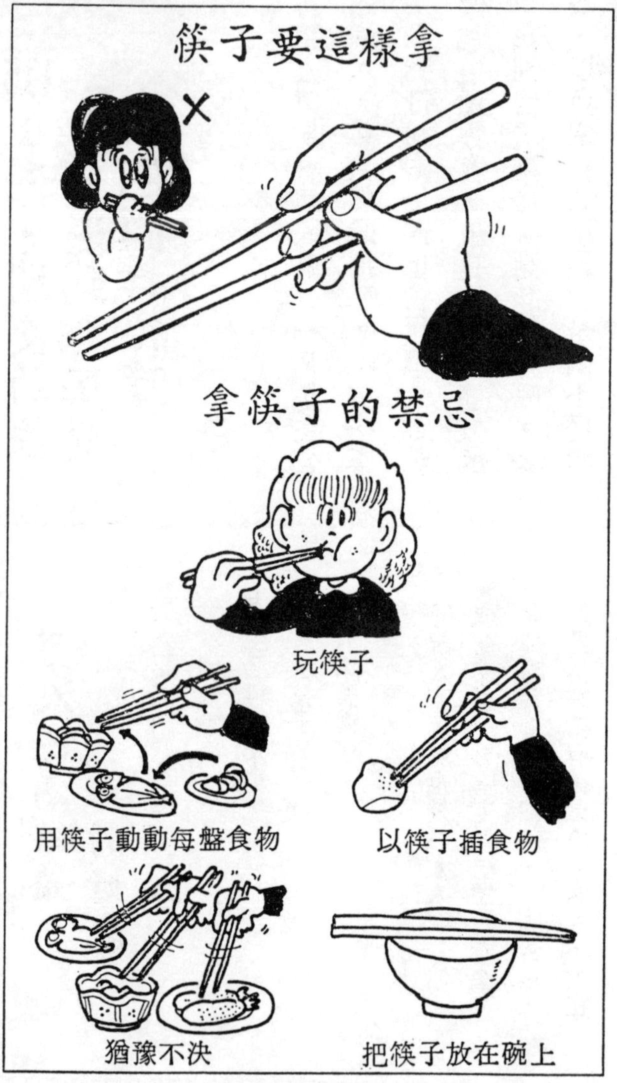
筷子要這樣拿
×
拿筷子的禁忌
玩筷子
用筷子動動每盤食物
以筷子插食物
猶豫不決
把筷子放在碗上

拿筷子

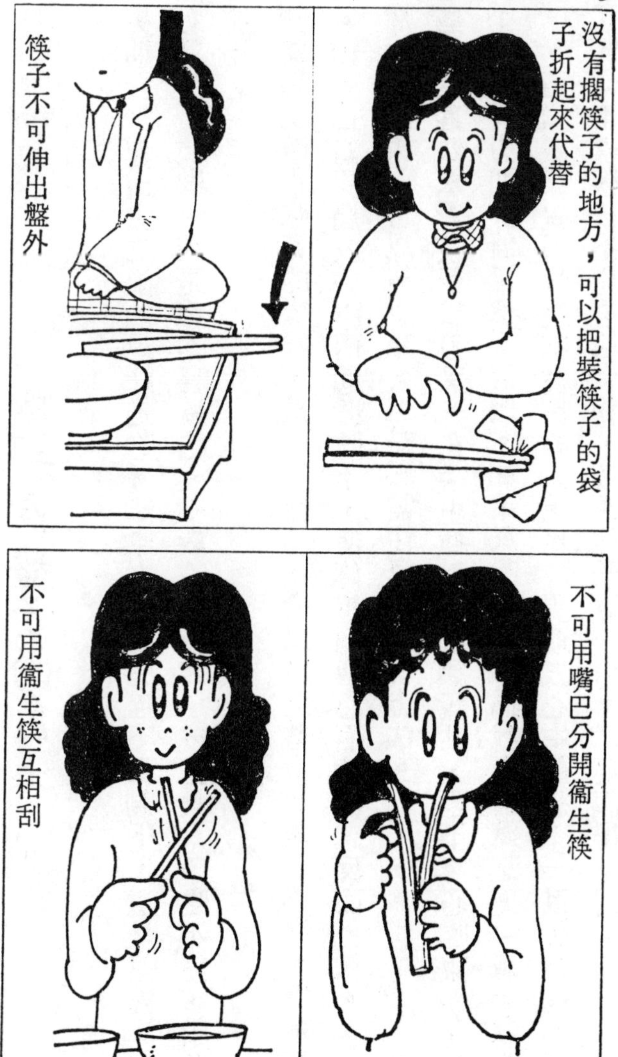

116 不喜歡或不能吃的東西，應放在盤子的角上

和男朋友一起出去吃飯，最好是吃得津津有味，而且不要剩下，這是禮貌。食物上配有蒜片、辣椒，或是妳不喜歡吃、不敢吃的東西，或是量太多吃不完，這些情形很難避免。

這時要馬上改正味覺的嗜好，是不可能的，所以將這些東西擺着不吃，也是不得已的。如果怕對男朋友失禮而勉強吃下，使妳感到嘔心而想吐，反而更糟。

雖然說這些東西可以剩下來，但是必需注意剩下的方法。

有些女性喜歡拿着筷子或刀叉，在手上揮舞着祇顧說話，也不專心吃東西，這樣不但不雅觀，男朋友看了也不舒服。如果又說：「這個我不喜歡吃。」或「我吃不下了」。這樣讓人覺得妳是個挑剔的人，也許男朋友心中就想：「以後再也不請妳吃飯了。」不喜歡或不能吃的食物，放在盤子的一角，還要擺得整齊。

爲了表示對剩下菜餚的歉意，飯後要帶着笑臉對他說一聲：「非常好吃。」

117 不容易吃的菜，乾脆不要叫

與別人一起吃飯，無論中、西餐，大概都比較不考慮吃魚。當然吃魚片不會有麻煩，如果是連頭帶尾的煎魚、煮魚或炸魚，魚肉與骨頭不容易分開，小的魚刺也會吃進嘴裡，吃起來很辛苦，且吃完之後有不乾淨的感覺。這完全不是好惡的問題，而是不容易吃的關係。

除了魚之外，例如排骨肉以及帶殼的蝦，如果不張開大口，就不容易吃。此外，吃派時很容易掉出許多屑，像這些不容易吃的東西還有很多。

與男朋友一起出去吃飯，對於這些東西，如果愛吃而叫來吃，可能導致後悔。因為想吃完，就得專心的吃，結果無暇和他交談，不免破壞了原本可以高高興興吃飯的氣氛，也失去約會的本意。

他請妳吃飯，目的在於高高興興一面吃飯、一面交談。為了避免破壞約會的氣氛，對於不容易吃的菜餚，乾脆不叫。

118 臉色不好時，擦一點腮紅

有時不是身體不好，臉色却很差。尤其是有些女性，在生理期間臉色就顯得蒼白不好看，如果這樣和他見面，會使他很擔心。

所以在約會之前，不妨照照鏡子，看看臉色，如果不太好，可以比平時多擦一點腮紅。

爲了不使男朋友擔心起見，這種小地方應該特別注意。

愛與戀愛的格言集⑪

*對男人不過是一天的荒唐，對女人却是輸了她的一生。（摩里亞）

*男人所有的理由，比不上女人的一種感情。（伏爾泰）

*男人自卑的毛病，最好的藥方就是讓賢淑的女人去愛他。（尼采）

*男人如果沒有被喜歡的女人所喜歡，這種女人就是風騷女郎。（匹依傑夫人）

*雖然有一次過失，也不會被男人拒絕。（萊辛）

*男人離家的時候，就是最高興的時候。（莎士比亞）

119 約會前必須洗頭髮，注意自己的清潔

這是電視連續劇名演員〇〇小姐的經驗談。

〇〇所主演的連續劇，一定有愛情鏡頭，拍這種鏡頭當然必須與男明星很靠近。所以，〇〇在錄製愛情鏡頭之前，一定把頭髮洗乾淨。雖然祇是演戲，但是不潔的頭髮，會給男明星不愉快的感覺，而且也表示自己不禮貌。

有人說頭髮是女人的生命，也有人說柔軟的頭髮是女性的象徵。大部份女人都很注意保持頭髮的漂亮與清潔。男人對於擁有一頭漂亮頭髮的女人，也覺得很有女人味。妳的他，大概也很關心妳的頭髮吧！

因此，在約會前必需把頭髮洗乾淨，這是女人應該知道的常識，也是妳對他的一片心意。萬一他突然來找妳，當然沒有洗頭的時間，這時可以對他說：「你來得太突然，我現在正滿身大汗。」先對他說清楚，也是個辦法。

120 進入大門，將鞋子整理好，這種細心能表現出女人味

經常看到有人投書報館提到：「最近有些母親，因為本人缺乏常識，也無法教好子女。」這種投書屢見不鮮。有位小兒科醫生舉出例子。他說有些太太帶小孩去看病，一進大門就一直講話，直講到候診室，而且無論大人或小孩，鞋子脫得亂七八糟，使後來的人要放好鞋子都沒辦法，當他們回去之後，所穿的拖鞋，也是散亂地一塌糊塗。

我國與歐美各國不一樣，所有住家差不多都要脫鞋，脫鞋之後應該擺好，這才是禮貌。也許妳看到這位醫生的話之後，可能提出反駁，說：「我不論到那裏去，都有把鞋子擺好啊！」但是我要講的，並不祇是把自己的鞋子擺好就算了，看見別人的鞋子沒有放好，也要順手擺好，這樣才能顯出女性的細心。

121 與男朋友去購物，不中意的物品，應歸回原位

當妳們一起去買衣服，百貨公司的店員可能無法慢慢侍候妳，這時，妳由架子上拿下羊毛衣，看看樣子好不好，尺寸合不合，如果不合意，當然不用折好了再還她，但是必需放回原位。像這種服飾店，可以隨手拿出商品來看，慢慢挑選，去的客人也很多。

這時，最容易疏忽的，就是衣服試穿之後，如何處理。本來陳列得很好的商品，經客人碰過，店員當然要收拾。但是在男朋友面前，把東西拿出來看之後，隨手放在那兒，男朋友會有什麼感想呢？不但如此，出去的時候，也不隨手把門關好，或看見商品掉下來，也不理會，逕自走過去，這些表現，任何人看了都不舒服。

雖然妳這些行爲完全出於無心，但是在男友眼中，却認爲妳是個粗心大意的人。一些日常小細節，不僅限於購物，卽使對待男朋友，也要隨時注意身邊的事物，才能表現妳的女人味與親切感。出去買東西，卽使有店員在旁邊，試穿過的衣物，也要好好還給她。

122 和他見面之前，應檢查全身，並養成習慣

電視公司的前輩，指導新的節目主持人，在出場之前應該對着鏡子，檢查全身儀容，萬一不留心，服裝不整就上電視，一定出洋相。

有位電視女主持人，有一天早上，在半路上因爲車禍交通堵塞，因此，在節目開播前五分鐘，才趕到錄影室，導播看到她之後，臉色都變了，原來她的襪子，在小腿處破了一個大洞，來不及換了，祇好交待攝影師：「膝蓋以下，絕不可照出來。」這場戲就這樣拍下去。等節目結束之後，有人告訴她這件事，否則她還一點都不知情呢！

妳與他約會的時候，應注意不要像這位小姐一樣，在家裏也不可穿得太凌亂，與男朋友約會，出門之前，應該檢查一下全身的儀容，到了車站的鏡子前、或對着櫥窗，照照全身，也是一種方法。爲了以防萬一，在未會面之前，應該留點時間來檢視一下儀容。

123 手提包內帶點針線，有時能派上用場

一般人外出時有帶手帕或面紙的習慣，這已成爲日常必需品。但是女性最好也帶著針線包，放在手提帶內，以防萬一。

目前有許多人都知道帶這些東西，因此，與男朋友約會時，也當作必需品攜帶。因爲大多數男人都沒有針線，即使扣子掉了，也不太注意。這時，妳就可以幫忙他，即使沒有這個機會，也可以預防萬一，表示妳的細心。

男人喜歡看女人怎樣的穿着

●晚上在鬧區調查100位20～30歲的男性，問他們喜歡女人那一種穿着。

①喜歡看女人穿迷地裝還是迷你裙，結果贊成迷你的佔83％，喜歡長的佔17％。

②喜歡長髮或短髮的女人：短的是33％、長的是67％。

●由此可見，大部份男人都喜歡看女人穿短裙，留長頭髮。又問他們女人穿制服好看呢，還是穿水兵服好看，贊成穿水兵服的佔絕大多數，他們認爲穿制服已經過時了。

124 玻璃杯沾上口紅，應該不着痕跡地擦掉

西洋人用餐的規矩，在玻璃杯上沾了口紅是很忌諱的。他們是否做得很徹底，祇要在電影上就可以得知。有些女性在喝酒之前，經常用餐巾擦嘴唇。

不論西洋的禮儀如何，在玻璃杯上沾有口紅印，總是不好看，很多男性看到這種情形，心裏很不愉快。

妳與男朋友一起吃飯、喝酒時，應該把口紅擦薄一點，或者吃飯前到洗手間用面紙擦擦嘴唇，這樣口紅就不容易沾上杯子。如果事前忘了處理，口紅已經沾上杯子，就要不着痕跡地擦掉。

這樣做的目的，是爲不讓對方不舒服。

125 到男朋友家作客，在大門口打過招呼，到客廳之後再正式的問候

每年七、八月就業季節，報紙與雜誌都會刊載人事廣告。某報曾經對各企業的人事主管作個調查，其中有人說：「最近的學生在面試的時候，都能對答如流，給人很好的印象，但是却很少注意到禮節。」幾乎所有主管都有同感。這些學生進入面試的會場時，應該行個禮，到了主考官面前，應該再行一次禮，然而行兩次禮的人很少。

開門進入之後行一個禮，表示打個招呼說我進來了，在主考官面前再行一次禮，是表示對主考官的敬意，缺少一個禮就不太好。

同樣地，當妳到男朋友家作客，當然不必太拘謹，但是這兩個禮，一定不能疏忽。進門時稍微打個招呼，進入客廳之後，應該正式的問候。在大門口打過招呼，進入客廳就馬上坐下來，會給別人不良的印象。而且告別時，也要招呼兩次，才算禮貌。

126 不論多麼熟，對他的父母都要客氣地說話

許多年紀大的人經常說：「現在的年輕人連說話的禮貌都不懂。」一位兒子已進大學的父親。在某雜誌的讀者欄寫了他的經驗談：

他兒子有時會帶女朋友到家裏玩，看起來很討人喜歡，而且禮貌也很周到，大家相處得很融洽。這位父親很高興，當她告辭的時候，就對她說：「妳要像自己的家人一樣，經常來玩。」而且還送到大門口。過了幾天，他與朋友走在辦公室附近的馬路上，碰到這位女孩，當她走到他身邊時，好像看到朋友似的，很親熱地和他說話。等她走了之後，他的朋友對他說：「她對你好親熱。」

人與人之間，感情愈好，所說的話越不一樣，但是長幼之間沒有規矩的話，可能會發生問題。卽使妳和男朋友已經到了很熟的階段，跟他的父母說話也還要有分寸，客氣一點，在電話中，不可說：「××人在不在。」必須說：「請問××先生在不在？」並養成習慣。

127 在他的父母面前，要客氣地稱呼

有位女評論家的兒子帶着女朋友到家裏，聽到那位小姐叫她兒子的小名，使她覺得很不舒服。她兒子的名字叫「正通」，這位小姐不叫他的正名，而直呼小名，使她愈聽愈氣，就對她說：「我兒子也有名字啊！」

注意到這一點的人還眞不多。像這位女評論家一樣，第三者叫他兒子或女兒的小名或祇叫一個字，大多數人都聽不慣。

熱戀中的男女，大都叫對方的暱名，這是親熱的表示，但是這種稱呼，祇限於兩人在一起的時候。在他父母或他人面前，要用客氣的稱呼。

在他的父母或自己的父母面前，應該稱他××先生，才合乎禮貌。因爲不論和男朋友多麼親密，禮貌還是不可疏忽。

128 對於他的求婚，隔些時日再作答覆

據說在義大利西西里島上，年輕男女的交往，非常愼重，他們以結婚爲前提，年輕男女開始正式交往，約會時必須由雙方親人跟着出去，過了一段交往的時間之後，男女再向女方的父母提親，獲得同意才能結婚。男方不可以輕易地到女家提親，因爲要決定一輩子的事，必須有相當的步驟，以愼重的態度來處理。

在東方當然沒有這樣限制男女的交往，但是仔細想想，也有參考的價值。例如：男朋友向妳求婚時，妳心裏很喜歡他，也許不經思索，當場點頭答應。但是婚姻是一生的大事，不可不愼，不論多麼喜歡他，都不應馬上答應，等過一段時間冷靜地考慮才答覆，比較妥當。

129 寫信或寫明信片時，應準備一本字典

雖然現在已經是「電話萬能」的時代，但是電話有時無法完全表達心意，因此不妨用寫信來傳達情意。但若信上錯字連篇，反而得到反效果。

散文家○○先生說：「寫錯字的女性，難免會留給別人不良的印象。」寫信的時候，發現有錯別字，必須重寫一次，而且要讓對方容易看、容易懂，才能表達妳的心意。

愛與戀愛的格言集⑫

*凡是會講出多麼愛妳的人，大都是沒有熱情的人。（培特拉卡）

*心中不滿的女人要求奢侈，眞正愛男人的女人，卽使地板也可以睡覺。（莫洛亞）

*沒人管的男人，還是個男人，被男人抱吻的女人，才成爲女人。（愛麗絲）

*喜歡的男人最曖昧的語言，比不喜歡的男人，明白地表示愛的語言，更能擾亂女人的心。（拉法埃脫夫人）

*愛是犧牲，不是甜蜜。（太宰治）

130 在宴會上，不可以比主角更惹人注目

在演藝事業上可以「壓倒主角」，但是在宴會上壓倒主角，就相當失禮。譬如：在結婚的喜宴上，新娘子是主角，去參加的女客人，就不應該穿白色禮服，也不可穿得太華麗、太引人注目的服裝。

一位財經界小姐的婚宴上，邀請一位女明星參加，據說那天這位女星所穿的服裝，是出自法國名設計家之手，非常浪漫、華麗，許多客人都帶着責難的眼光看着她，但是她却以爲周圍的人都在欣賞她，不時露出笑容，態度很傲慢。

當男朋友要帶妳出席宴會時，妳想這是很多人聚集的場合，尤其是和男朋友一起出去，自然想穿漂亮一點，這種念頭當然沒有錯。

不過妳應該知道，宴會上還有主角，所以在服裝上應該稍微收斂一點。

131 男朋友到家裡作客，不用刻意打掃

以前有一齣喜劇，是描述女主角的男朋友到她家作客的情形。因爲她的男朋友曾經在她家踩到鐵屑，爲了雪恥，她再度請他到家裏去，事前邀請十多位朋友，幫忙大清掃，正準備作菜時，突然男朋友打電話來，說馬上要過來。這時她非常焦急，趕忙把朋友趕回去，所有散了一地的食物、飲料，全部塞入衣櫃或床底下，忙了一陣。他一進屋內就說：「妳的房子眞乾淨。」就坐下來，祇聽「ㄆㄚ」一聲，坐墊下一個水果派已經被他坐碎了。這位小姐慌忙打開衣櫃拿毛巾，却看到好多碗盤放在衣櫃內，還有兩個喝醉的男女，從衣櫃內跳出來。男朋友說：「妳的房子很好，眞有意思，可是我的心臟吃不消。」

這個故事雖然過分了一點，但是頭一次帶男朋友到家裏吃飯，大多會把房子打掃得乾乾淨淨，雖然這是一個特別的日子，但是掃得太乾淨，他反而覺得「爲什麼這麼乾淨？」爲了不使他多疑，祇要像平常一樣打掃乾淨就行了。

132 約會時帶OK繃，表示妳的細心

男人認為女人的手提包內放很多東西，的確如此，最好順便帶OK繃，萬一約會的時候，他不小心擦傷了，或者裙子的下擺刮破了，可以應急派上用場，非常有用，他也會認為妳非常細心。

贊成大男人主義或相敬如賓

●調查五〇〇位獨身的男性與女性，發現男人主張大男人主義的佔四十一%，女性祇有一六・二%，有六十五%的女性主張夫婦應相敬如賓。難怪現在的離婚率會增加。

●希望結婚後，以夫婦為中心的男女各佔三十%。

133 男朋友談到工作或童年往事，也要傾聽

這是一位棋手相親的故事，他面對妙齡的美女時，竟然說不出話來，經介紹人暗示之後，才慢慢地交談起來，但是所談的內容都和象棋有關。

那位小姐對象棋一無所知，因而一臉茫然。

當然這種情形比較特殊，在他們交往的半年內，他的話題始終離不開象棋，不然就談他的童年往事。如果男朋友也這樣與妳交往，妳大概覺得很無聊。

但是他講這些話，表示對妳有好感，因爲這種話題是不輕易對別人說的。

雖然他的話很沉悶，妳也應該用心聽。

134 在他人面前，言行舉止要顧及他的面子

年輕女性大都不知道男人很好面子，面子對他們多麼重要，他們往往使男性失面子而不自覺。

例如：電影正在放映時，有一對情侶卻偷偷的交談，不休止，有個觀衆很討厭他們打擾別人看電影，就罵他們：「要講話請到外面去講。」這時兩個人會停止，但是心裏的不快，可能不容易消失。

這位男士被罵之後，不好意思再待下去，馬上帶著女友走出電影院，他知道罵他的人，正有「連個女人都管不了」的意思，而覺得很沒面子。

妳還不太了解男人的面子是什麼，看了上面的例子，應該體會出來了吧！以後請多用點心，隨時顧到男朋友的面子。

5章 如何做個善解人意的女性

135 以平常心表達愛心

談到戀愛，會使妳聯想到小說或戲劇上描寫的場面，或戀愛情節。事實上，當然不會完全那麼激烈。一般男女交往，都是平時先注意到對方的言行舉止，再逐漸培養感情的。

O．亨利有一篇短篇小說，描寫一位麵包店的小姐，暗戀一個每天專門來買賣不掉的麵包的男人。有一天，這位小姐爲了表示她的愛意，在麵包內加了許多奶油，拿給他。過了一會兒，這位男士怒氣冲冲地回來對她說：

「我是個畫家，買這些麵包回去當橡皮擦來擦畫，今天妳在麵包內加上奶油，這樣會使我的畫，弄得一塌糊塗，妳眞是多事。」

對她而言，祇是想表達她的愛意，沒想到反弄巧成拙。如果她不要一心想引起他的注意，祇要像平常一樣，臉上露出可親的笑容，也許會更吸引他也不一定。

如果妳對男朋友有情，就必須像菜餚中隱藏的味道一樣，以平常心來應付，反而可以使對方體會出妳的愛意。

136 分別之後能讓別人懷念，才是真正善解人意

傑爾索米拉是一位意大利名製作人菲利尼的名作，「道」的女主角的名字。當電影放映時，一般男性都認爲這個女主角，才是最理想的女性。劇中這位女主角是被一位江湖藝人買走。她擁有一顆天使般純潔的心，不論被主人如何虐待，她始終愛着他，而且拚命爲他工作，但仍舊無法得到主人的歡心，最後兩人分開了。幾年之後，當這位江湖藝人在街上突然聽到有個女人正唱着傑爾索米拉唱的歌，他就向這位女人打聽她的消息，她說：「傑爾索米拉已經病死了。」當天晚上，他一個人跑到海邊去大哭一場。他不斷地想到從前，無論他如何虐待她，她始終回報他一個熱情的微笑，自從與她分別之後，才知道自己是無法沒有她的。

有句俗話說：「父親的意見和冷酒一樣，愈到最後愈有效。」而善解人意的效果也是一樣。這種善解人意，並非自己刻意去做，祇是完全爲對方着想而已。

如果刻意地做一些事情，也許事後無法引起對方的注意，但是祇要真心去做，等分開之後，對方自然而然會經常想起。

137 搭計程車，應該準備零錢

坐計程車往往爲了付零錢而感到很麻煩，當要付錢的時候，才發現沒有帶零錢，這是大家經常碰到的事。因此搭計程車時，要多準備一些零錢。與男友一起坐計程車時，也是一樣，當然大多數都是由男性付錢，但是有時候他祇顧與妳談話，而忘了帶零錢，這時妳就可以拿出事前準備的零錢代他付，這樣對司機也算是盡一份心意。

愛與戀愛的格言集⑬

*追求而得到的愛是可貴的，不用追求而得到的愛更幸福。(莎士比亞)

*想早一點結婚，是女人的主張；儘量晚結婚，甚至不結婚，是男人的主張。(蕭伯納)

*男人結婚之後，才知道女人的賢慧；女人結婚之後，才知道男人的愚笨。(如是閑)

*婚姻好比客飯，湯比甜食更可口。(澳瑪麗)

*愛人們在一起不會厭煩，是因爲經常談自己的事。(拉・羅修孚可)

138 在人多的場所，應事先約定見面的地點

男女之間，失戀雖然是家常便飯，但並不像百貨公司播音員的聲音一樣，一再重複。下面的例子是登在某雜誌「失戀的種種」的專欄上。

有一對同在一個工作單位上班的情侶，相偕到百貨公司去買東西，由於當天正值中元節大拍賣，兩個人在人潮中被沖散，無法找到對方，不得已這位小姐就請播音員廣播找她的男朋友，却因此而發生問題，因爲有位同事也聽到這個廣播。

第二天，在公司裏就傳開了，那些女職員都不約而同地去看她的男友，使他無法忍受，終於和她疏遠了。

由於當時兩人都沒有想到「有備無患」這句話。如果他們在事前先講好失散後，在某處見面，就不致有這種後果。如果妳和男朋友還處在秘密交往的階段，那麼當兩個人一起出入人多的場所時更需事先約好失散後見面的地方。

139 去看男友的球賽，與其帶食物，不如帶冷飲更受歡迎

拜訪別人的時候，通常都會帶點禮去，如果認爲祇要送點禮物就可以，而忘了最重要的誠心，雖是送禮，恐怕也會產生反效果。有時候自認很善解人意，却往往發現事與願違，這種情形也不少。

例如公司組隊正準備棒球比賽，妳參加啦啦隊爲他們加油時，有位電動打字小姐，就曾談到在這種情形下發生在她身上的糗事。

有一次，同事之間舉行棒球比賽，她當啦啦隊員，她現在的丈夫當時也參加打球，她就爲他們作一些飯糰帶去。結果不論是球員或是啦啦隊員，沒有一個人去吃她的飯糰，最後祇好再原封不動地帶回去。但是另一位女同事帶了冰過的冷飲，非常受大家的歡迎，大家都對她說：「妳眞善解人意。」

任何人都一樣，運動之後會流許多汗，因此都想喝冷飲，卽使是大聲喊加油的啦啦隊員，也會喜歡喝冷飮。在這種情形下，最好帶人家需要的東西，才是善解人意。

140 幫忙搬家，最好早幾天去，才是真正幫忙

美國有位女爵士樂團的團員，在未成名之前，有次借一個小會場開演奏會。有位男士對她說：「在演奏會當天，我無法送妳什麼禮物，但是祇要我能做的事，一定盡力幫忙。」的確，正如他所說的，從尋找會場到張貼海報，整個晚上都在佈置會場，凡是後台的事，都由他一手包辦。演奏會當天，也有其他很多朋友都帶着鮮花、禮物跑到後台來對她說願意幫忙。可是這位團員說，祇有那位男士比其他的男士，更令她傾心。

也許妳不大可能遇到同樣的情形，但是以盡己所能去幫忙，不管任何場合，都是最好的禮物，也爲朋友盡了心。假使有朋友要搬家，妳也許認爲當天去幫忙比較好。但是在搬家當天，笨重的東西，並不需要女人幫忙，因此，不如早兩天去幫忙整理東西。因爲這時有很多女人可以幫忙的瑣碎事情。如果要幫忙男朋友或別人搬家，最好早幾天去，比當天才去幫忙，更受歡迎。

141 送還別人的錄影帶、音樂帶必需先倒好帶

向男友借錄影帶、音樂帶，在還給他時，是否先倒好再送回去呢？借這些東西之後，如果不將帶子倒回去，以後要用的時候，會徒增對方的痲煩。

雖然這只是一件小事，但是帶子是否再倒回去，給對方的印象是完全不一樣的。爲了表示感謝的心意，最好把帶子倒回去之後再送還給對方。

142 在音樂帶上用標籤重寫曲名或演奏者的名字，將使他感到高興

如果妳希望男友與妳共享妳喜愛的音樂，而且妳也有這些音樂帶，大概妳會借給他，或錄下來給他聽吧！

如果是自己聽，也許祇是簡單地把標籤貼在錄音帶上，但是要交給男友之前，應該好好地重新寫一次。

當然並不因爲妳重寫標籤，使音質更好而更好聽，但是妳這一份心意，一定令他覺得很高興，當聽到這些音樂時，倍感悅耳。

143 向男朋友借錢，應該當場記下來

一般說來，一些跑新聞的記者，必須耐心聽別人說話，而且爲了收集資料，不致遺漏，都要筆錄下來。出版社常常對新的編輯人員說：「當你與對方談話時，必須把內容記下來，除了不致於遺漏重要事項，也可以讓對方放心，這是很有效的方法。」就好像在告訴對方：「我已經記下來了，你所說的話應該不至於漏掉。」

和男朋友談話時，馬上記下下次約會的時間與地點，或許使他以爲妳是個小迷糊或不用心的女人。不過也有需要用到記事簿的時候，例如向男朋友借錢的時候。

和男朋友一起逛街，忽然看見想買的衣物，雖然在大拍賣場祇要在一半價就可買到，偏偏沒有帶那麼多錢，只好向男朋友借錢去買。這時千萬不可忘了記在記事簿上，這樣可使對方放心。因爲妳向他借錢，就應該還給他，爲了不致忘記，最好當場記在記事簿上。

看出男性的本意 2

老是說妳們女人如何如何，表示對妳很關心

男人談論別的女人，表示強調對妳很親切

從言行舉止可以

讓女人
點菜的男人，表示他對任何事情都會努力去做

愈是瞧不起純潔的男人，對處女的願望愈強

144 使用信用卡買東西，也許男友會多心

現在可以說是個不用現金的時代，年輕女性買東西不帶現金，使用信用卡的人愈來愈多。但不論多麼方便，與男朋友在一起時使用信用卡買東西，恐怕不太妥當。

例如買一條手帕也用信用卡，也許這祇是妳的習慣而已，但可能會令男朋友覺得不舒服。因此與男朋友一起去買東西，最好準備一些現金。

145 與男朋友出去購物，不要太奢侈

有人說：「獨身猶如貴族」。因爲時間與金錢都可以自由分配使用，這大概是獨身的好處吧！當然，與父母同住的女性，也可以買些服飾，或喜愛的東西，甚至出外旅行，享受自己的生活樂趣，但是無論怎樣，都不要太過奢侈。例如買皮大衣、手錶等貴重的東西，可以請男朋友陪妳去。

爲了小心挑選物品，而請男朋友做陪時，如果男朋友向妳暗示：「這樣貴的東西，不適合購買。」就是表示他心中已經有些不愉快了。

146 約會的地點，最好有電話可以連絡

有一對年輕情侶，約定在某地點見面，却始終見不到她的男朋友，認爲他大概不來了就回家去，但是她的男朋友却還在到處找她。

這是30年前，風靡一時的菊田一夫的愛情電影——「請問芳名」中的一幕。大概是兩人事前約定的地點，沒有電話可以連絡的關係吧！

男女約會，見面的地點，通常選在車站出口，或是電影院門口，人潮比較多的地方。選這種無法連絡的地方，常常發生不愉快。例如，當妳突然有事，無法在約定的時間到達，而對方並不知道，一定會很擔心與不高興，如果是妳，情形也是一樣。

因此，約會的地點，最好選在便於連絡的地方，如咖啡店、或指定一個常去而且可連絡到的地方。

147 帶到男朋友家的禮物，不可在附近購買

在報紙的讀者欄內，經常可以看到許多很可笑的糗事。有位小學二年級的男學生，被女生邀請去參加她的生日宴會，這是第一次去拜訪，而且必需坐三站的火車。父母為了訓練他的獨立性，交給他買禮物的錢之後，就送他出門。當他到達目的地，下車之後，就在附近轉一下，然後到一家商店去買一點脆餅，順便問店老闆同學家的住址，老闆回答說：「就是我家啊！」於是他就把所買的脆餅拿出來，照母親教他的話說：「這是一點小意思，請收下。」使這位店老闆當場楞在那兒。

這雖是小孩的糗事，但是却可以當做大人的殷鑒。如果妳到男朋友家去拜訪，大概認為在附近買禮物就可以了。

的確，在附近買禮物是比較方便，但是如果妳是誠心來拜訪，如此給人的印象就不太恭敬。為了表示敬意，最好是事先把禮物準備妥，這樣才不會失禮。

148 送給他母親的手製紀念品，就是給他最好的禮物

如果男朋友請妳到他家去作客，妳想送點手製品的時候，可以事先問男朋友，他的母親喜歡什麼，照他的話帶去就更好了。送手製的禮物給他的家人，是一種親愛的表示，不必刻意地送給他母親，祇要以自然的態度，把這份心意傳達給對方就可以了。

對他而言，母親是個很重要的人物，有人敬重他的母親，他當然很高興。

男性令人羨慕的職業

（平均年齡27歲的男性年收入）

①飛機副駕駛 ②廣告模特兒
③服裝模特兒 ④電視導播
⑤公家機關的醫生
⑥公家機關的牙醫
⑦大學副教授 ⑧外景導播
⑨外國航線的航海士
⑩電視主持人 ⑪雜誌記者
⑫廣播記者 ⑬律師
⑭電視攝影師 ⑮大學講師
⑯公司業務員 ⑰報社攝影記者
⑱保險公司業務員
⑲私立高中教師 ⑳私立中學教師
㉑新聞記者 ㉒校對員
㉓工業設計師 ㉔藥劑師

149 到男友家作客，服裝應樸素一點

每年十月一日是公司開放給外人參觀的一天，一些想就業的學生，都會趁此機會，前去參觀。但是到公司訪問時，應要穿樸素的衣服，男性穿藏青色的西裝、白襯衫，繫上深色的領帶；女性要穿藏青色的套裝與白襯衣。這已經成爲標準的服裝。雖然無法表現個性，但是公司所要錄用的人，大都比較喜歡保守的人。

不但公司去招考新人時需注重服飾，卽使家庭也是一樣。看到孩子的大學同學，如果穿很時髦、很摩登的服裝、或者穿花襯衫，一定沒什麼好感。

所以，如果妳到男朋友家去作客，當然必須穿著整齊，尤其是初次拜訪，給人的印象非常重要，更應該注意穿着。但是祇要樸素一點就可以了，而且化粧要清淡一點，給人一種清爽與乾淨的感覺，如此才能留給男方家人良好的印象。

150 到達男朋友家的時間，可比約定時間稍微遲一點

到男朋友家去拜訪，也許有人會認爲必須早一點去比較好，但是有一位女留學生却因此而發生不愉快的事。

這位女學生到一位美國男同學的家參加宴會，她比約定的時間早到20分鐘。使迎接她的同學吃了一驚，祇好把她帶到自己房間去坐。在等待的時候，她跑到厨房，想問一問是否要她幫忙，却無意間聽到同學的母親說：「這傢伙是否有神經病，爲何來得這麼早。」聽到這句話，使她覺得很不好意思，才知道原來自己違反了當地的禮儀。

這完全是因爲她不了解歐美的禮節，按歐美的習慣是：「到別人家去拜訪，一定要比約定時間稍微遲一點。」雖然我們沒有這種規定，但是也應該爲對方着想，也許他們還沒有準備妥當，因此，稍微晚一點去，可能比較好。

151 介紹男朋友給父親，必須介紹雙方的共同興趣

當妳準備向父親介紹男朋友時，男朋友當然不用說，連自己也都很緊張，說不定連妳的父親也一樣緊張，這是初次相見的必然心理，在這種情況下，全靠妳的安排，才能減低他們的緊張情緒。

從前，松竹電影公司有一部電影，描述一位青年到女方家向她父親提親，因為他知道她的父親很固執，而且祇有這麼一個寶貝女兒，搞不好她父親把他當成賊一樣，以為他要偷走自己的女兒，因此遲遲不敢提出親事，使他相當為難。後來他向女友打聽出她父親的興趣是釣魚。正好這位青年來自漁村，對釣魚很有自信，於是就對他的父親說：「我們來比賽釣魚吧！」兩人就到附近河邊釣魚。正因為如此，二人很快地就親近起來。

像這樣，如果妳向父親介紹男友，最好事前告訴他們雙方有那些共同的興趣，或者提供一些話題。這時，夾在他們之間的妳，就必須隨機應變了。

152 在男友的雙親面前，別忘了男友是他們的兒子

第一次與男朋友的雙親見面，難免很緊張。可是日後這種緊張會逐漸消除，以後再去的時候，也許就習慣了，在他父母面前，毫無顧忌地把手放在他的身上，或做出親密的樣子。

當然向男朋友的雙親表示：「我與他相處得很好。」偶而親熱一下是沒有關係的，但是如果經常如此，一定引起他們的反感。

可是若一直顧慮到這種事情，而經常處於緊張狀態，顯得手足無措，給人的印象也不好。但若在他父母面前爲他在咖啡內加糖，或經常碰他的身體就更過份了。

在他雙親而言，男友在成爲妳的男朋友之前，已經是他們的兒子，對於從小帶大的孩子，不論你們已經多麼親密，看到與認識不久的女性如此親熱，會使他們心中不是滋味。

因此，當妳到男朋友家去，在他的家人面前，絕不可表現出過份親熱的行爲，要有分寸，以開朗、柔順的態度對待他，才不致惹人厭。

153 長途開車，要準備水壺與紙杯

祇要用一點心就可以拉近雙方的距離，這是必然的事。有一位女性，她說男朋友從來沒有對她說過：「我喜歡妳。」但是有一天他的表現，使她認爲勝過講一百萬遍的「我喜歡妳」。

男朋友是橄欖球迷，有一年冬天，曾邀她一起去看球賽，那時他對她說看球的時候，可別凍着，應該多穿一點衣服。那天見面，男朋友沒說什麼，只將一個紙袋交給她，她接過來一看，裏面是一個烘手爐與一頂遮陽帽，當時使她非常感動。

的確，無論男女，祇要表示一點心意，比說一句「喜歡你」還要受用。例如：當妳和男朋友開車出遠門，妳可以準備一點茶或咖啡以及紙杯。在長途開車的時候，當妳拿出茶水或咖啡的話，可以緩和長途駕車的疲勞。男朋友若看到妳這麼細心，一定會記住妳的體貼的。

154 無心地評他的愛車或喜歡的東西，會深深傷害他

開車的人卽使不是愛車狂，對自己的車子總是愛護有加。因此，如果有人批評他的車子時，就好像在批評他一樣，使他覺得不愉快，如果兩個都是男人，也有可能爲此而吵架，如果對方是女性，可能後果更嚴重。因此，妳必需特別注意，避免批評他的車子，而傷害他的心。

有一對才認識不久的情侶，有一次到大飯店去吃飯，在大飯店的停車場，已經停了許多外國車和高級車，當他那部稍爲舊一點的車子開進去時，女友無心地說：「哦！都是漂亮的車。」男朋友的表情整個都變了，吃飯的時候，也是一臉不悅的樣子。最近會開車的女性並不少，當然多少懂得一點車子的常識，雖然不至於像這位女性那麼率直，恐怕對他的愛車或愛用品，也會無心地批評，卽使是一點無關緊要的批評，都有可能使你們逐漸疏遠。

155 出國旅行寄回的風景明信片、地名不可寫成兩行

有位女記者，長期駐在歐洲收集資料，因而經常到各地去旅行，回到國內時曾談到一件糗事。

這位女性在德國港口，寄一張風景明信片給朋友，明信片上介紹了當地的風情民俗，及一些資料等等，整張明細片寫得密密麻麻。大家都知道，風景明信片的空白本來就很有限，寫的內容又多，留下來的空白就更小，因此把自己的地名寫成兩行，這樣是很不禮貌的作法。

她住的地方是德國的比魯漢姆斯哈芬，她把這個地名寫成兩行，第一行寫「德國比魯」，她的朋友以為是德國大廈；第二行寫「漢姆斯哈芬」，就不知道是什麼地方，所以遲遲無法回信。還好他們兩個是好朋友，祇當作笑話來講。因此，如果妳出國旅行寄明信片給朋友，犯了與她同樣的錯誤，可能就被譏為沒知識，把地名或人名分寫兩行，就好像把字拆開來寫一樣，令人非常不懂。所以在空間狹小的風景明信片上，必需預先留好空白來寫地名。

156 寫信給他，最好順便問候他的父母

某女性雜誌曾邀請一些已爲人婆婆的人舉行座談會，題目是「我就是這樣選擇媳婦的」。從衆多婆婆的口中，可以得知她們選媳婦比較重視「個性」與「禮貌」。有位婆婆這麼說到：

當她的兒子第一次把媳婦帶到家裏時，她覺得這位女性是一個「很開朗的好女孩」，對她的印象很好。以後更加對她有好感。因爲在兩、三天之後，她接到她寫來的一封信。信的內容很普通，但是最後寫道：「我寫得不好，非常失禮。並請代爲問候令尊令堂，當我看見他們兩位慈祥的態度，使我感到無限溫暖。」當兒子給她看這封信之後，就接著說：「我想和她結婚。」我們都非常贊成。

不論你們兩人能否結婚，如果與男朋友的雙親見過面之後，在寫信給他時，必須加上向兩位老人家請安的話。如果男朋友告訴他的父母，或直接把信拿給他們看，他們一定會對妳產生好感。即使沒有見過面，還不忘問候，男朋友一定會認爲妳是個細心而善解人意的女性。

看出男性的本意 3

男人想知道妳的過去，就是想獨佔妳

在約會途中，不看其他女性的男人，可能都是登徒子

從言行舉止可以

向妳訴說工作上的牢騷，表示對妳有好感

問他喜不喜歡，回答「喜歡」的男性，應該打點折扣

157 知道男朋友家遭遇不幸，要耐心地等他與妳連絡

男朋友突然打電話告訴妳：「我父親過世，明日清早我要回鄉下，以後再與妳連絡。」但是過了四、五天仍然沒有和妳連絡，這時，妳怎麼辦呢？是否悶在家裏等他的電話，或是等不及地打電話到他家去呢？大概後者的女性居多吧！

也許妳怕男朋友受不了這種打擊，或者每夜都忙得疲憊不堪，妳爲了關心他的健康，又想聽聽他的聲音，這是人之常情。但是妳必須知道，這樣作對他也許太殘忍了一點。因此，要是一星期甚至過了十天，都沒有任何音信，在他還未連絡之前，最好不要打電話過去。

也許妳認爲在他難過的時候，應該去安慰他，但是在服喪其間，有很多雜事要處理，如果與他連絡，反而徒增他的麻煩。他沒有和妳連絡，一定有他的理由，或許是他不願讓妳聽到他傷感的聲音，使妳擔心；或者他和親戚之間發生一些頭痛的事，也說不定。因此，在這種情形下，祇有耐心地等他與妳連絡。

158 不可用公司的電話打給他，也不可用公司的信封寫信給他

公司的東西，除了公事之外，當然不可作爲私用，但是有些人會用公司的電話打給男朋友，或用公司的信封、信紙，寫信給男朋友。

或許妳認爲用一點公司的信封、信紙，打一通公司的電話沒什麼關係，但是男朋友卻會認爲妳太不懂事。

如果與男朋友是同事，在男朋友面前打長途電話回家，可能使男朋友認爲妳是一個不守規矩的女性。

愛與戀愛的格言集⑭

*情書——年輕人急著看；中年人慢慢看；老年人看了又看。（普烈澳）

*眞實而永久的愛，沒有尊敬是建立不起來的。（菲伊特）

*戀愛雖然像果醬一樣甜蜜，如果沒有土司也沒什麼味道。（猶太人諺語）

*用軟土作成的男人是簡單的，用硬骨做成的女人令人心動。（猶太人諺語）

*若不能把愛人的缺點看成優點，就表示還不十分愛他。（歌德）

*雖說結婚是件好事，但養成習慣則是個錯誤。（毛姆）

159 同樣是連絡或祝賀，用電話或寫信所代表的意義是不一樣的

受邀之後，打電話向他道謝，不如寫信正式道謝要鄭重一些。

用電話除了聽到聲音之外，什麼都體會不出來，但是寫信就不一樣了。電話和寫信的功用大不相同，藉此表示自己的眞意，對方的感受也會有所不同。

如果妳了解這些道理，當妳下次要表達心意的時候，就知道什麼時候用電話，什麼時候寫信較恰當。

例如，妳要表達情意，打電話當然可以把聲音傳給對方，但是有些話直接講出來，未免有太唐突的感覺，甚至使對方不知如何回答而感到困擾。

同樣一件事，如果用寫信就不一樣，可以使他減輕直接用語言回答的壓力，而且還可以讓他坐下來舒舒服服地看，更能了解妳的心意。當然像約會這種可以當場決定的事情，用電話比較方便。

160 打電話到他家，必需事先記下要點

講電話必須簡潔、明確，這是衆所周知的事，可是實際上恐怕沒有這麼容易。雖然心裏已經有了腹稿，但是拿起電話之後，仍會忘了一些事情。

倘若彼此是好友，無論打幾通電話都沒關係，但是若是打到男朋友家去，而且是找他母親說話，就不可以這樣，否則易給他母親很不好的印象，認爲妳是個不懂事的女孩。因此，妳必須事前把要說的重點記下來，最好祇說一遍，就使對方聽得很清楚。

戀愛結婚，夫妻兩人都做事的比例

●根據一九七三年的調查，有六十五%的新婚夫婦是戀愛結婚。至一九八二年由戀愛結婚的，增加八%；夫婦兩人都在做事的比例，由四十二%增加到五十二%，成長率一〇%。

●丈夫的平均結婚年齡是二八．一歲，妻子是二五．五歲。比十年前，男性增加一．四歲，女性增加一歲。

●與父母同住的夫婦是三十六%，十年前爲二十九%，比較之下增了不少，這大概與住宅有關。

161 在人多的地方，不可手拘着手走路

意大利的情侶，是世界上最熱情的情侶，在公共場所，也會公然互相擁抱，做出很親熱的樣子。卽使白天坐在電車內，也常常看到情侶們卿卿我我，這大概是拉丁民族樂天的特性吧！

這種情形，最近國內的年輕人也似乎感染上了，在人潮擁擠的地方，經常可以看到手牽着手的情侶走在一塊。有些地方卽使一個人走都很困難，何況兩個人手牽着手走，不但自己行走不便，還妨礙他人走路。

這時，妳最好若無其事地放開手，便於二人行走，當然手拉手一起走並非不可以，但是這樣與兩人併肩手拘著手並無兩樣。其實要牽著手也可以，祇要退到他的身後，就可以使自己與他人都方便走路。

162 與他併肩走時，應注意皮包的位置

年輕女性在約會時，經常把皮包掛在肩上。如果與男朋友併肩走在一起，應該注意皮包的位置。有些人也許是習慣問題，和男朋友併肩走時，還將皮包掛在他那一邊。

與他手拉手或手拘手走路時，兩人的距離比較接近，但是若兩人之間夾上一個皮包，會使他覺得不自在，因此，妳的皮包應掛在與他相反的一邊。

愛與戀愛的格言集⑮

*男人要求女人的一切，女人會奉獻一切，如果男人以自己的一生來換取女人的獻身的話，男人會因此而痛苦一生。（博娃爾）

*男人生命的意義在於野心；女人在於男人。（馬哈巴拉塔）

*認爲有結婚證書才是戀愛，就像倒看小說。（摩里約）

*結婚對年輕人太早，對老年人太遲。（代伊澳蓋內斯）

*要維護戀愛的話，最好的手段是使戀愛成功。（馬利澳）

163 為他拍下衣服的灰塵，必須看時機

電視的愛情劇，經常可以看到這種畫面：

在人少的公園內，男士用手帕去拂凳子上的灰塵，然後對女友說：「請坐！請坐！」不論多麼害羞的女性都會坐下來，然後男朋友再與她併肩而坐，經過一陣沉默之後，男朋友就不老實地把手搭在女性的肩上，這時女友突然抖一下，本能地躲開，男性則很不好意思地說：「妳肩膀上有點灰塵。」並且慌張地把手收回。

他這樣說當然祇是一種藉口，但是這種動作是親熱的表示，而且是自然而然地不自覺動作。

可是如果是女方爲男朋友彈掉衣服上的灰塵，就要依時間與地點而定。例如在人多的地方，不宜對男朋友做出這種親密的動作。

不論你們已經多麼親近，但男人總會顧慮到周圍的眼光，認爲這種親密的動作，不應在大庭廣衆前做。

164 在人多的大飯店，最好不要拘着手臂走路

有些人喜歡在大飯店約會，這時兩人最好不要做出親密的舉動，無論是進去或離開，都應避免拘着手臂走，在這種出入頻繁的場所，易遭人誤會，爲了不讓人說閒話，最好避免去那種場所。

也許爲了尋找一個氣氛很好的地方吃飯、喝酒，或因地緣之便，才到這種大飯店、或咖啡廳約會。不過在這種人多的地方，最好不要做出很親密的樣子。

因爲任何人遭他人行注目禮時，都很不自在，如果再拘着手臂走，不是更引起別人的好奇嗎？尤其在很多人出入的大飯店，很可能遇到熟人。有些人總是喜歡用有色的眼光看人，甚至故意造謠，不得不特別謹愼。

165 吃過味道很重的食物，應注意飯後的禮貌

有許多烤肉店，會送一片口香糖給餐畢的客人，這種細心的做法，實在令人讚賞。

與男朋友一起吃飯，如果能注意到飯後的禮貌，男朋友一定很高興。例如吃到蒜片、韮菜之類，口中會殘留強烈的味道，若沒法稍除這些味道，可以在口中含仁丹，或嚼口香糖，以消除口中的味道，也可使他高興。

166 搭他的車，應避免留下香水味

有時搭計程車，會聞到一股強烈的香水味，可能是前一位女乘客留下的，使人感到相當不快。這種能夠誘惑男性的香水，有時也變成令人討厭的東西。

當妳與他開車出去兜風時，應特別留意，避免使用香味濃郁的香水，因爲密閉的小空間中，使用令人昏昏沈沈的香水，恐怕會令對方感到不舒服。若因此在車內留下香水味，也會使以後坐他車的人或家人，感到討厭。

167 必要時候也要婉拒男友送妳回家

在美國，有許多熱戀中的情侶會彼此送對方回家，而且沒完沒了。

或許你們也有過這種情形。當男朋友送妳回去，在門口吻別後，目送離去的男朋友的背影，可能對他說：「等一等，現在可能沒有計程車了。」說完就自己開車送他回去。但是到達男朋友家時，又捨不得離開他，於是男朋友又送她回來。

這是兩人依依不捨的心情所使然，但是這種做法似乎不太妥當。有時，男朋友家的方向正好與妳相反，如果讓他繞很多路送妳回去，並不是一件很好的事。雖然送妳回去，是他的心意，但是在這種情形下，妳應該婉拒他，這完全是爲他着想，對他體貼的一種表現。

168 由男朋友家回去，最好打電話謝謝他

當妳由男方獨自坐車回家後，已經很晚了，很想早點洗個澡輕鬆一下，尤其是第一次去拜訪，身心俱疲，很想儘快緩和一下，這是人之常情，但是在休息之前，別忘了應先打個電話給男友。

因爲男朋友和他的家人也是一樣疲倦，但是他們正擔心妳在他們家是否過得快樂，以及是否平安抵達家門。因此，當妳到達家裏，第一件要做的事卽馬上打電話告訴他們，已平安到家，並且表示謝意。

年輕男性對結婚的觀念

●日本厚生省在一九八二年對全國四八〇〇個未婚男性（18～34）調查的結果如下：

●理想夫婦年齡差距——認爲女性小五歲的佔21％，18歲～25歲主張女性小三歲的佔19％。

●戀愛或相親——贊成戀愛的佔50％，主張相親的少於5％。

●有無女友——59％未婚男性回答有，尤其是20～24歲，有66％的人有女朋友。

169 在男朋友家受到款待，應寫信表示謝意

到男朋友家受到他們的招待，當天打過電話道謝後，最好能再寫封信去表示謝意。因爲電話講過之後就沒有了，但是寫信去，對方可以經常拿出來看，使他永遠珍惜妳的細心。

信的內容簡單一點也無妨，不過最好提到他母親菜作得很好，父親的盆栽很漂亮等等這一類讚美的話。

男性最想要的東西與想做的事

●20歲代的男性：

①車或與車有關的事。
②家庭電化製品（錄放影機、電唱機等）。
③旅行。
④運動。
⑤做或學一些有興趣的事。

●30歲代的男性：

①家庭電化製品（錄放影機、電唱機等）
②什麼都不要。
③車子或與車有關的事。
④運動。
⑤做或學一些有興趣的事。

170 請他參加宴會，必須為他找談話的對象，不要讓他覺得很無聊

宴會的目的就是讓大家在一起快快樂樂地交談，因此，舉辦宴會的男女主人，最好設法使每位客人都能盡興，但是如何使大家都很快樂呢？就得花一番心思了。一家化粧品公司的宣傳刊物，曾登載這一類經驗談。作者是在該公司的國外部門工作。

她和幾位女職員第一次被派往法國的百貨公司服務，有一天參加該公司舉辦的宴會。她們幾個女孩子聚在一個角落聊天，主辦者看到這種情形，馬上找來自己公司的幾位女職員，與她們一起交談。彼此介紹認識之後，就開始比手劃脚地談論有關化粧品的事，認爲「女性的化粧是沒有國界之分。」還各自介紹本國的風俗民情，談得非常盡興。

若妳要當宴會主人的話，可以參考這個主辦人的作法。如果妳邀請男朋友參加妳的宴會，應該找幾個伴和他一起聊天，使他不致感到無聊。

大展出版社有限公司	圖書目錄

地址：台北市北投區(石牌)　　電話：(02)28236031
致遠一路二段 12 巷 1 號　　28236033
郵撥：0166955～1　　傳真：(02)28272069

・法律專欄連載・電腦編號 58

台大法學院　法律學系／策劃
法律服務社／編著

1. 別讓您的權利睡著了 ①		200 元
2. 別讓您的權利睡著了 ②		200 元

・秘傳占卜系列・電腦編號 14

1. 手相術	淺野八郎著	180 元
2. 人相術	淺野八郎著	150 元
3. 西洋占星術	淺野八郎著	180 元
4. 中國神奇占卜	淺野八郎著	150 元
5. 夢判斷	淺野八郎著	150 元
6. 前世、來世占卜	淺野八郎著	150 元
7. 法國式血型學	淺野八郎著	150 元
8. 靈感、符咒學	淺野八郎著	150 元
9. 紙牌占卜學	淺野八郎著	150 元
10. ESP 超能力占卜	淺野八郎著	150 元
11. 猶太數的秘術	淺野八郎著	150 元
12. 新心理測驗	淺野八郎著	160 元
13. 塔羅牌預言秘法	淺野八郎著	200 元

・趣味心理講座・電腦編號 15

1. 性格測驗① 探索男與女	淺野八郎著	140 元
2. 性格測驗② 透視人心奧秘	淺野八郎著	140 元
3. 性格測驗③ 發現陌生的自己	淺野八郎著	140 元
4. 性格測驗④ 發現你的真面目	淺野八郎著	140 元
5. 性格測驗⑤ 讓你們吃驚	淺野八郎著	140 元
6. 性格測驗⑥ 洞穿心理盲點	淺野八郎著	140 元
7. 性格測驗⑦ 探索對方心理	淺野八郎著	140 元
8. 性格測驗⑧ 由吃認識自己	淺野八郎著	160 元
9. 性格測驗⑨ 戀愛知多少	淺野八郎著	160 元
10. 性格測驗⑩ 由裝扮瞭解人心	淺野八郎著	160 元

11. 性格測驗⑪ 敲開內心玄機　淺野八郎著　140元
12. 性格測驗⑫ 透視你的未來　淺野八郎著　160元
13. 血型與你的一生　淺野八郎著　160元
14. 趣味推理遊戲　淺野八郎著　160元
15. 行為語言解析　淺野八郎著　160元

・婦 幼 天 地・電腦編號 16

1. 八萬人減肥成果　黃靜香譯　180元
2. 三分鐘減肥體操　楊鴻儒譯　150元
3. 窈窕淑女美髮秘訣　柯素娥譯　130元
4. 使妳更迷人　成　玉譯　130元
5. 女性的更年期　官舒妍編譯　160元
6. 胎內育兒法　李玉瓊編譯　150元
7. 早產兒袋鼠式護理　唐岱蘭譯　200元
8. 初次懷孕與生產　婦幼天地編譯組　180元
9. 初次育兒12個月　婦幼天地編譯組　180元
10. 斷乳食與幼兒食　婦幼天地編譯組　180元
11. 培養幼兒能力與性向　婦幼天地編譯組　180元
12. 培養幼兒創造力的玩具與遊戲　婦幼天地編譯組　180元
13. 幼兒的症狀與疾病　婦幼天地編譯組　180元
14. 腿部苗條健美法　婦幼天地編譯組　180元
15. 女性腰痛別忽視　婦幼天地編譯組　150元
16. 舒展身心體操術　李玉瓊編譯　130元
17. 三分鐘臉部體操　趙薇妮著　160元
18. 生動的笑容表情術　趙薇妮著　160元
19. 心曠神怡減肥法　川津祐介著　130元
20. 內衣使妳更美麗　陳玄茹譯　130元
21. 瑜伽美姿美容　黃靜香編著　180元
22. 高雅女性裝扮學　陳珮玲譯　180元
23. 蠶糞肌膚美顏法　坂梨秀子著　160元
24. 認識妳的身體　李玉瓊譯　160元
25. 產後恢復苗條體態　居理安・芙萊喬著　200元
26. 正確護髮美容法　山崎伊久江著　180元
27. 安琪拉美姿養生學　安琪拉蘭斯博瑞著　180元
28. 女體性醫學剖析　增田豐著　220元
29. 懷孕與生產剖析　岡部綾子著　180元
30. 斷奶後的健康育兒　東城百合子著　220元
31. 引出孩子幹勁的責罵藝術　多湖輝著　170元
32. 培養孩子獨立的藝術　多湖輝著　170元
33. 子宮肌瘤與卵巢囊腫　陳秀琳編著　180元
34. 下半身減肥法　納他夏・史達賓著　180元
35. 女性自然美容法　吳雅菁編著　180元
36. 再也不發胖　池園悅太郎著　170元

37. 生男生女控制術	中垣勝裕著	220 元
38. 使妳的肌膚更亮麗	楊　皓編著	170 元
39. 臉部輪廓變美	芝崎義夫著	180 元
40. 斑點、皺紋自己治療	高須克彌著	180 元
41. 面皰自己治療	伊藤雄康著	180 元
42. 隨心所欲瘦身冥想法	原久子著	180 元
43. 胎兒革命	鈴木丈織著	180 元
44. NS 磁氣平衡法塑造窈窕奇蹟	古屋和江著	180 元
45. 享瘦從腳開始	山田陽子著	180 元
46. 小改變瘦 4 公斤	宮本裕子著	180 元
47. 軟管減肥瘦身	高橋輝男著	180 元
48. 海藻精神秘美容法	劉名揚編著	180 元
49. 肌膚保養與脫毛	鈴木真理著	180 元
50. 10 天減肥 3 公斤	彤雲編輯組	180 元
51. 穿出自己的品味	西村玲子著	280 元

·青春天地·電腦編號 17

1. A 血型與星座	柯素娥編譯	160 元
2. B 血型與星座	柯素娥編譯	160 元
3. O 血型與星座	柯素娥編譯	160 元
4. AB 血型與星座	柯素娥編譯	120 元
5. 青春期性教室	呂貴嵐編譯	130 元
6. 事半功倍讀書法	王毅希編譯	150 元
7. 難解數學破題	宋釗宜編譯	130 元
9. 小論文寫作秘訣	林顯茂編譯	120 元
11. 中學生野外遊戲	熊谷康編著	120 元
12. 恐怖極短篇	柯素娥編譯	130 元
13. 恐怖夜話	小毛驢編譯	130 元
14. 恐怖幽默短篇	小毛驢編譯	120 元
15. 黑色幽默短篇	小毛驢編譯	120 元
16. 靈異怪談	小毛驢編譯	130 元
17. 錯覺遊戲	小毛驢編著	130 元
18. 整人遊戲	小毛驢編著	150 元
19. 有趣的超常識	柯素娥編譯	130 元
20. 哦！原來如此	林慶旺編譯	130 元
21. 趣味競賽 100 種	劉名揚編譯	120 元
22. 數學謎題入門	宋釗宜編譯	150 元
23. 數學謎題解析	宋釗宜編譯	150 元
24. 透視男女心理	林慶旺編譯	120 元
25. 少女情懷的自白	李桂蘭編譯	120 元
26. 由兄弟姊妹看命運	李玉瓊編譯	130 元
27. 趣味的科學魔術	林慶旺編譯	150 元
28. 趣味的心理實驗室	李燕玲編譯	150 元

29. 愛與性心理測驗	小毛驢編譯	130元
30. 刑案推理解謎	小毛驢編譯	130元
31. 偵探常識推理	小毛驢編譯	130元
32. 偵探常識解謎	小毛驢編譯	130元
33. 偵探推理遊戲	小毛驢編譯	130元
34. 趣味的超魔術	廖玉山編著	150元
35. 趣味的珍奇發明	柯素娥編著	150元
36. 登山用具與技巧	陳瑞菊編著	150元
37. 性的漫談	蘇燕謀編著	180元
38. 無的漫談	蘇燕謀編著	180元
39. 黑色漫談	蘇燕謀編著	180元
40. 白色漫談	蘇燕謀編著	180元

·健康天地· 電腦編號 18

1. 壓力的預防與治療	柯素娥編譯	130元
2. 超科學氣的魔力	柯素娥編譯	130元
3. 尿療法治病的神奇	中尾良一著	130元
4. 鐵證如山的尿療法奇蹟	廖玉山譯	120元
5. 一日斷食健康法	葉慈容編譯	150元
6. 胃部強健法	陳炳崑譯	120元
7. 癌症早期檢查法	廖松濤譯	160元
8. 老人痴呆症防止法	柯素娥編譯	130元
9. 松葉汁健康飲料	陳麗芬編譯	130元
10. 揉肚臍健康法	永井秋夫著	150元
11. 過勞死、猝死的預防	卓秀貞編譯	130元
12. 高血壓治療與飲食	藤山順豐著	150元
13. 老人看護指南	柯素娥編譯	150元
14. 美容外科淺談	楊啟宏著	150元
15. 美容外科新境界	楊啟宏著	150元
16. 鹽是天然的醫生	西英司郎著	140元
17. 年輕十歲不是夢	梁瑞麟譯	200元
18. 茶料理治百病	桑野和民著	180元
19. 綠茶治病寶典	桑野和民著	150元
20. 杜仲茶養顏減肥法	西田博著	150元
21. 蜂膠驚人療效	瀨長良三郎著	180元
22. 蜂膠治百病	瀨長良三郎著	180元
23. 醫藥與生活㈠	鄭炳全著	180元
24. 鈣長生寶典	落合敏著	180元
25. 大蒜長生寶典	木下繁太郎著	160元
26. 居家自我健康檢查	石川恭三著	160元
27. 永恆的健康人生	李秀鈴譯	200元
28. 大豆卵磷脂長生寶典	劉雪卿譯	150元
29. 芳香療法	梁艾琳譯	160元

30. 醋長生寶典	柯素娥譯	180 元
31. 從星座透視健康	席拉・吉蒂斯著	180 元
32. 愉悅自在保健學	野本二士夫著	160 元
33. 裸睡健康法	丸山淳士等著	160 元
34. 糖尿病預防與治療	藤田順豐著	180 元
35. 維他命長生寶典	菅原明子著	180 元
36. 維他命 C 新效果	鐘文訓編	150 元
37. 手、腳病理按摩	堤芳朗著	160 元
38. AIDS 瞭解與預防	彼得塔歇爾著	180 元
39. 甲殼質殼聚糖健康法	沈永嘉譯	160 元
40. 神經痛預防與治療	木下真男著	160 元
41. 室內身體鍛鍊法	陳炳崑編著	160 元
42. 吃出健康藥膳	劉大器編著	180 元
43. 自我指壓術	蘇燕謀編著	160 元
44. 紅蘿蔔汁斷食療法	李玉瓊編著	150 元
45. 洗心術健康秘法	竺翠萍編譯	170 元
46. 枇杷葉健康療法	柯素娥編譯	180 元
47. 抗衰血癒	楊啟宏著	180 元
48. 與癌搏鬥記	逸見政孝著	180 元
49. 冬蟲夏草長生寶典	高橋義博著	170 元
50. 痔瘡・大腸疾病先端療法	宮島伸宜著	180 元
51. 膠布治癒頑固慢性病	加瀨建造著	180 元
52. 芝麻神奇健康法	小林貞作著	170 元
53. 香煙能防止癡呆？	高田明和著	180 元
54. 穀菜食治癌療法	佐藤成志著	180 元
55. 貼藥健康法	松原英多著	180 元
56. 克服癌症調和道呼吸法	帶津良一著	180 元
57. B 型肝炎預防與治療	野村喜重郎著	180 元
58. 青春永駐養生導引術	早島正雄著	180 元
59. 改變呼吸法創造健康	原久子著	180 元
60. 荷爾蒙平衡養生秘訣	出村博著	180 元
61. 水美肌健康法	井戶勝富著	170 元
62. 認識食物掌握健康	廖梅珠編著	170 元
63. 痛風劇痛消除法	鈴木吉彥著	180 元
64. 酸莖菌驚人療效	上田明彥著	180 元
65. 大豆卵磷脂治現代病	神津健一著	200 元
66. 時辰療法—危險時刻凌晨 4 時	呂建強等著	180 元
67. 自然治癒力提升法	帶津良一著	180 元
68. 巧妙的氣保健法	藤平墨子著	180 元
69. 治癒 C 型肝炎	熊田博光著	180 元
70. 肝臟病預防與治療	劉名揚編著	180 元
71. 腰痛平衡療法	荒井政信著	180 元
72. 根治多汗症、狐臭	稻葉益巳著	220 元
73. 40 歲以後的骨質疏鬆症	沈永嘉譯	180 元

74. 認識中藥　松下一成著　180 元
75. 認識氣的科學　佐佐木茂美著　180 元
76. 我戰勝了癌症　安田伸著　180 元
77. 斑點是身心的危險信號　中野進著　180 元
78. 艾波拉病毒大震撼　玉川重德著　180 元
79. 重新還我黑髮　桑名隆一郎著　180 元
80. 身體節律與健康　林博史著　180 元
81. 生薑治萬病　石原結實著　180 元
82. 靈芝治百病　陳瑞東著　180 元
83. 木炭驚人的威力　大槻彰著　200 元
84. 認識活性氧　井土貴司著　180 元
85. 深海鮫治百病　廖玉山編著　180 元
86. 神奇的蜂王乳　井上丹治著　180 元
87. 卡拉 OK 健腦法　東潔著　180 元
88. 卡拉 OK 健康法　福田伴男著　180 元
89. 醫藥與生活(二)　鄭炳全著　200 元
90. 洋蔥治百病　宮尾興平著　180 元
91. 年輕 10 歲快步健康法　石塚忠雄著　180 元
92. 石榴的驚人神效　岡本順子著　180 元
93. 飲料健康法　白鳥早奈英著　180 元
94. 健康棒體操　劉名揚編譯　180 元
95. 催眠健康法　蕭京凌編著　180 元

・實用女性學講座・電腦編號 19

1. 解讀女性內心世界　島田一男著　150 元
2. 塑造成熟的女性　島田一男著　150 元
3. 女性整體裝扮學　黃靜香編著　180 元
4. 女性應對禮儀　黃靜香編著　180 元
5. 女性婚前必修　小野十傳著　200 元
6. 徹底瞭解女人　田口二州著　180 元
7. 拆穿女性謊言 88 招　島田一男著　200 元
8. 解讀女人心　島田一男著　200 元
9. 俘獲女性絕招　志賀貢著　200 元
10. 愛情的壓力解套　中村理英子著　200 元
11. 妳是人見人愛的女孩　廖松濤編著　200 元

・校園系列・電腦編號 20

1. 讀書集中術　多湖輝著　150 元
2. 應考的訣竅　多湖輝著　150 元
3. 輕鬆讀書贏得聯考　多湖輝著　150 元
4. 讀書記憶秘訣　多湖輝著　150 元

5. 視力恢復！超速讀術　江錦雲譯　180元
6. 讀書 36 計　黃柏松編著　180元
7. 驚人的速讀術　鐘文訓編著　170元
8. 學生課業輔導良方　多湖輝著　180元
9. 超速讀超記憶法　廖松濤編著　180元
10. 速算解題技巧　宋釗宜編著　200元
11. 看圖學英文　陳炳崑編著　200元
12. 讓孩子最喜歡數學　沈永嘉譯　180元
13. 催眠記憶術　林碧清譯　180元

・實用心理學講座・電腦編號 21

1. 拆穿欺騙伎倆　多湖輝著　140元
2. 創造好構想　多湖輝著　140元
3. 面對面心理術　多湖輝著　160元
4. 偽裝心理術　多湖輝著　140元
5. 透視人性弱點　多湖輝著　140元
6. 自我表現術　多湖輝著　180元
7. 不可思議的人性心理　多湖輝著　180元
8. 催眠術入門　多湖輝著　150元
9. 責罵部屬的藝術　多湖輝著　150元
10. 精神力　多湖輝著　150元
11. 厚黑說服術　多湖輝著　150元
12. 集中力　多湖輝著　150元
13. 構想力　多湖輝著　150元
14. 深層心理術　多湖輝著　160元
15. 深層語言術　多湖輝著　160元
16. 深層說服術　多湖輝著　180元
17. 掌握潛在心理　多湖輝著　160元
18. 洞悉心理陷阱　多湖輝著　180元
19. 解讀金錢心理　多湖輝著　180元
20. 拆穿語言圈套　多湖輝著　180元
21. 語言的內心玄機　多湖輝著　180元
22. 積極力　多湖輝著　180元

・超現實心理講座・電腦編號 22

1. 超意識覺醒法　詹蔚芬編譯　130元
2. 護摩秘法與人生　劉名揚編譯　130元
3. 秘法！超級仙術入門　陸明譯　150元
4. 給地球人的訊息　柯素娥編著　150元
5. 密教的神通力　劉名揚編著　130元
6. 神秘奇妙的世界　平川陽一著　200元

國家圖書館出版品預行編目資料

妳是人見人愛的女孩 / 廖松濤編著．—2版．
——臺北市：大展，民88
面；　公分，--（實用女性學講座；11）
ISBN 957-557-882-1（平裝）

1.修身 2.人際關係 3.婦女

192.15　　　　　　　　　　　　87013741

ISBN 957-557-882-1

妳是人見人愛的女孩

編著者／廖　松　濤
發行人／蔡　森　明
出版者／大展出版社有限公司
社　址／台北市北投區（石牌）致遠一路二段12巷1號
電　話／(02) 28236031・28236033
傳　眞／(02) 28272069
郵政劃撥／0166955－1
登記證／局版臺業字第2171號
承印者／國順圖書印刷公司
裝　訂／嶸興裝訂有限公司
排版者／千兵企業有限公司
電　話／(02) 28812643
初版1刷／1989年（民78年）8月
2版1刷／1999年（民88年）1月
2版2刷／1999年（民88年）4月

定　價／200元

大展好書 好書大展